ロックンロールから聴く産業史

渡辺 真由美
Mayumi Watanabe

Rock'n'roll
is industrial
sound.

文芸社

はじめに

音楽は流行。社会動向と切り離すことはできません。

音楽作品はソングライターの個人的な思いを通して、実に様々なものやことを反映します。産業動向もその一つです。時代となんとかがヒット曲をつくると言いますが、そもそも我々の生活はテクノロジーの発展で変貌しているわけですし、すべての表現活動も同様です。

そもそもロックは工業化があっての音楽です。

ザ・ビートルズ（以降「ザ・」は省略）を生んだイギリスのリバプールでは、世界初の鉄道が走り出した近代産業の発展を先駆けた町でした。リバプールと鉄道で結ばれたマンチェスターには大きな炭田がありました。豊富な石炭が産業革命を起こし、それが20世紀の大量生産、大量消費社会を牽引しました。

リバプールでビートルズが結成されてから半世紀以上にわたって、エレキが奏でるサウンドにブルーカラー層が、小金を持っている若者が身を焦がしたのでした。電力がないと、感覚が麻痺する音量や音質が得られません。

激しいビートもロックの特徴ですが、これも電力あって体が揺さぶられるのです。

電気の力で音量を大きくしたロックは工業都市の響きでした。ミュージシャンは立って演奏しました。畑の仲間、家族、友人といった顔がわかる聴衆から、不特定多数に向けて演奏された都市の新しい娯楽としてロックは発展。聴衆の規模は大きくなっていったので、求められる音量と音質は変わっていき、楽器も改良されていきました。

工業化はミュージシャンを生みました。ぎりぎりの生活を強いられた工場労働者階級から上昇志向の強いロッカーが出現しました。

ロックは労働者を直撃した炭鉱事故やストライキ、大量解雇を歌い継いできました。エルトン・ジョンは炭鉱ストライキを取り上げた映画「リトル・ダンサー」のサントラを制作します。ブルース・スプリングスティーンとビリー・ジョエルはアメリカの鉄鋼産業の衰退を歌いました。

多岐に亘る産業のなかで、近代工業の基板となる鉱業にスポットを当てました。

ロック風俗の制服とも言えるジーンズ。もともとは鉱山労働者の作業衣でした。19世紀の中盤にカリフォルニアで金鉱脈が発見され、ゴールドラッシュが起こります。ドイツから移民したリーバイ・ストラウスは卸業を営んでいましたが、丈夫な鉱山作業衣の需要に応えてカンバス地と銅製の留め金を使ったズボンを作ります。

日本人にとって鉱業はなじみが薄くなりましたが、ロック全盛期の１９７０年代では日本ではまだ鉱山が操業をしていました。

今日、九州の菱刈金鉱山を残して日本は金属鉱山業からほぼ卒業。しかし、カナダ、オーストラリア、アメリカ、南アフリカはまだバリバリの現役鉱山国です。

里山のように鉱山が身近な町では、鉱山や鉱石処理をする工場についての詩が読まれ、歌われている。これは不思議なことではありません。

炭鉱の町に育まれたアーティストは、カナダのポップス界の大御所のアン・マレー。イギリスのスティング。スティングの本名はゴードン・サムナーですが、ゴードンはオーストラリアに移民して鉱山で働いていた叔父の名前でした。

さらに本著では産業の米と言われる製鉄業、そして今日大変革を強いられている自動車製造業を取り上げました。歴代のアーティストが、意識的に、あるいは無意識にどう歌いあげたのか、見てみました。

誰もが知っているヒット曲にまつわるエピソードを楽しみながら、流行と共に産業史を味わい尽くしていただければ幸いです。

目次

ビージーズと炭鉱事故

インタビューの裏技

２０１５年10月、私は金属ジャーナリストとして世界で初めてビージーズのバリー・ギブのインタビューに成功した。

金属ジャーナリストって世界に数百人しかいないので、何をやっても史上初だ。私はバリー・ギブと会った、最初で最後の金属ジャーナリストであろう。

普通の人（普通以下？）が、一体どういう手を使って世紀のスーパースターに会えたのか、聞きたくありませんか。

私の外見と性格にイケているところは何一つない。私は暗いおばさんだ。

バリー・ギブと朋友、オリビア・ニュートン・ジョンは、オーストラリアの癌治療施設のための募金活動をしていた。それをネットで知った私は20万円の寄付をした。大口寄付者は、メルボルンのグランドハイアット・ホテルで行われるスーパースターとの懇親会とディナー・ショーに参加できた。

メディア関係者だが行ってもいいか、とチャリティー機関に問い合わせた時は、いい反応ではなかった。が、プライベートな領域に立ち入るつもりはないことを説明したら、許可してくれた。

金属ジャーナリストと言うと、それってなんかのギャグですかと言われるのは日本。鉱物資源が基幹産業であるオーストラリアでは、金属関係の記事は影響力を持つ。アルミニウム、銅、亜鉛について書き綴っている私はいっぱしのメディアなのだ。

私はビージーズが映画「サタデー・ナイト・フィーバー」でブレイクする前につくった"New York Mining Disaster 1941"という曲の誕生背景を知りたかった。ビージーズ好きなら知っている曲だ。「サタデー・ナイト・フィーバー」の大ブレイクを予感させるヒット曲は無名時代に幾つか出ていて、その一つが"New York Mining Disaster 1941"だった。リリースは1967年。ビージーズの特徴、高音ファルセットが登場する1975年の前だ。

音楽業界誌は、この曲はビージーズの初の国際的ヒットと位置づける。その影響は決して小さくなかった。邦題は「ニューヨーク炭鉱の悲劇」だが、村上春樹は同名の短編小説を1981年に発表している。また、イギリスのBarclay James Harvestというグループが"The Great 1974 Mining Disaster"（邦題「1974年最大の炭鉱災害」）という曲を

7年後にリリースしている。

アメリカの音楽サイト、そしてそれを参考にしたと思われる日本の音楽評論誌は、ビージーズは停電に見舞われたニューヨークの地下鉄に閉じ込められた時の閉塞感を“New York Mining Disaster 1941”という歌にしたと解説していた。

私はその説に疑問を持っていた。歌詞に地滑りという言葉が使われている。これは鉱山事故の歌だ。え？　だって大都市ニューヨークに鉱山なんてあるわけないだろう。そうだ。でもニューヨーク州にはある。同州によると、２０１６年の時点で、州内で１９００カ所の鉱山が認可されていて１５００カ所の鉱山が稼働していた。

曲のタイトルはニューヨーク。ニューヨーク・シティとは言っていない。ニューヨークかニューヨーク・シティか、どちらでもいいのか。そんな結論なき議論を繰り返していた。いっそのこと、本人に確かめてみよう。チャリティーに協力するのはいい機会ではないかと思った。20万円の寄付金と渡航費は自腹を切った。

また“New York Mining Disaster 1941”と「サタデー・ナイト・フィーバー」のサントラは、同じバンドが演奏したとは思えないほど音楽の傾向が違った。前者はプロテストソングで踊る気になれない。後者はノリノリのディスコサウンドだ。

でもギブ兄弟がこの曲を書いて何年たっています？　50年？　バリーさん、覚えているかな。

炭鉱事故がアーティストを揺さぶる

懇親会はメルボルンのホテルの最上階のスイートで行われた。参加者は部屋の外に一列に並び、1、2人ずつ入る。バリー・ギブとオリビア・ニュートン・ジョンと握手してツーショットを撮る。ドレスアップした100人ほどの淑女紳士がホテルの廊下で列をつくった。皆興奮している。

ほとんどは地元メルボルンの人たちだった。海外からの参加者は私ひとりだったかもしれない。

「これはワイフへの誕生日プレゼント。ワイフはビージーズが大好きなんだ」

フィリピン出身だと言う奥様の目はハートになっていた。

バリーは、ライトブルーの若干光沢のあるシャツと同系色のパンツという、見慣れたステージ衣装、オリビアは黒い革パンツに黒っぽいチュニックを着ていた。

私の番が来た。さあ、行くぞ！

「バリー、ナイスツーミートユー。私は日本から来た金属ジャーナリストです。“New

York Mining Disaster 1941"という曲について話を伺いたいのです。この曲覚えていますか。だいぶ前に遡りますが」

自分の曲を忘れる？　ありえません、という表情で、

「もちろん覚えています」

少し驚いているようだった。

「それが何か？」

「曲の成り立ちを伺いたい。あれは地下鉄での出来事ですか？」

地下鉄説はあっさり否定された。

「あれは実際の石炭の炭鉱事故の犠牲者を追悼するために書きました。あの頃はああいった事故が多かったのです。とても心を痛めていました。家族を失った気持ち、犠牲者への共感を表現したのです……」

炭鉱の名前はさすがに、覚えていなかった。

「たくさんあった」そうだ。

炭鉱の場所は？

「ニューヨークだと思う」

後で調べてみると、確かに1941年、アメリカだけで死傷者が出た鉱山事故は8件

あった。すべてが火力発電所向けの石炭を掘る炭鉱で起きており、原因は火災と爆発だった。ニューヨーク州には鉄鉱石の鉱山があり、落盤事故が起きているが、1941年ではなかった。

ギブ兄弟の父親、ヒューはイギリスで一番大きい炭田があったマンチェスター市出身でミュージシャンだった。ギブ兄弟はマンチェスター市に住んでいたことがあった。

ギブ兄弟世代、つまり生まれが1940年から1950年の戦後世代は、炭鉱が身近にある環境に育った。当時、石炭は今日の石油に匹敵する重要なエネルギー資源だった。日本にも大きな炭鉱はあった。

還暦を迎えたベテラン・アーティストの自叙伝には石炭に関する記述があり、幼い頃の生活に欠かせない物資だったことが窺える。

1946年生まれのパンクの女王、パティ・スミスの自叙伝、『ジャスト・キッズ』でアメリカのサウスジャージーで過ごした少女時代を回想する。

「私は石炭ストーブの傍らのベッドに横たわり、長々と神につぶやいた。眠りの浅かった私は尽きぬ誓いと想像力と様々な計画で神様をうんざりさせた」(にむらじゅんこ・小林薫訳)

1950年生まれのスティービー・ワンダー(本名はスティーブランド・ハードウエ

イ・モリス）は、アメリカのデトロイトで育った。真冬の寒さは厳しく、母親が近くの作業所から石炭を持ってきた思い出を自叙伝“Stevie Wonder: A Musical Guide to the Classical Albums”で綴っている。

１９５１年生まれのスティング（本名：ゴードン・サムナー）はイギリス北部のウォールセンド市の出身だ。町の外れに炭鉱があった。度重なる事故に見舞われ、延べ２００人の炭鉱夫が亡くなっていた。犠牲者の半数以上は、炭鉱に雇われていた少年だった。スティングは子供の頃、牛乳配達業を営む父を手伝って、「町の北にある炭鉱労働者の小屋を回った」とのことだ。

「炭鉱口はまるで人工の火山のようだ」と自叙伝（東本貢司訳）で書いている。

カナダの女性歌手、アン・マレーとリタ・マックニールは石炭が豊富なノヴァスコシア州出身だ。石炭は悲しい思い出を呼ぶ。

１９７８年のヒット曲“You Needed Me”（邦題は「辛い別れ」）を歌った歌姫、アン・マレーは、同州にあるスプリングヒル出身だ。スプリングヒルは４度の炭鉱火災と爆発事故に見舞われた、悲劇の町として知られる。

「炭鉱夫」（“Working Man”）を歌ったリタ・マックニールは同州のケープ・ブレトン島出身だ。１９２５年に大規模なストがあり、社会を揺るがした。

オーストラリアでは２００６年にタスマニア州のビーコンスフィールド金鉱山が地震により崩落。一人の鉱夫が生き埋めになり死亡した。

２０１５年中は大きな鉱山事故はオーストラリアではなかった。

バリーは私に尋ねた。

「しかし、こんなことを聞かれるのは初めてです。貴方はどなた？　金属ジャーナリストって何を書くの？」

私は言葉を失った。初めてって、貴方をインタビューした記者は誰一人として聞かなかったのですか。

今度は私がバリーやオリビア・ニュートン・ジョンに質問される番だった。

「オーストラリアの資源を日本が買っているということ？」

「どういう資源の需要があるのですか」

「日本の会社は車をつくっていて、車には鉄が必要で、オーストラリアから鉄鉱石と石炭を輸入しています」

オリビア・ニュートン・ジョンが目を輝かせた。

「まあ、それは面白い。素敵なお仕事をされていますね」

オリビアさん、歌手を辞めないでください。

周りがザワザワしてきた。苛立ちを背中で感じた。

スタッフが、

「これで充分でしょう。席を立ってください」と私を追い立て、インタビューは強制終了した。

海の向こうの炭鉱事故が与える影響

次の朝、メルボルンに住む知り合いが、早速取材に来た。

知人は、私より一回り若い。「サタデー・ナイト・フィーバー」がもたらした興奮を知らない。当然、なぜ私が“New York Mining Disaster 1941”にこだわるのか、理解できないようだった。彼女は、オリビア・ニュートン・ジョンの方に興味を抱いていた。

「ONJ（オリビア・ニュートン・ジョンの略）はオーストラリアで最も尊敬されている名誉市民」

曲の誕生背景を確かめたから、どうなの？

日本のファンに、バリーの意図が間違って伝わっている。あれは地下鉄事故の悲劇を歌ったのではない。日本人はニューヨーク州に鉱山があることを知らない。作者の意図が正しく伝わることによって、曲の解釈も違ってくるだろうし。

うん、でも確かに50年前に書かれた曲の真実が明らかになったところで、誰かが得したり損したりすることはない。

でもこれは金属ジャーナリストの意地だ。間違いなく「サタデー・ナイト・フィーバー」の楽曲は人類の文化史に残る。それに結びついていった“New York Mining Disaster 1941”と鉱山業の関係を明らかにするのが私の仕事だ。海外の資源だからこそ、日本と深く結びついている。

１９７０〜１９８０年代、日本では主に北海道で石炭、マンガンやレアメタルの鉱山が操業をしていた。しかし、資源が枯渇し、また経済効率性が悪いため閉山し、輸入に切り替えた。現在操業を続けているのは、九州の菱刈金鉱山などに限られている。日本企業は、チリ、ペルー、南アフリカ、オーストラリアなどで銅、マンガン、石炭などの鉱山を運用し、または資本参加している。

もはや日本人は鉱山業を身近に感じることはなくなったが、関係ないことはないのだ。鉱山事故は尊い命を奪うだけではなく、経済活動に広くに影響が出る。どのように遠い日本人の生活に関わってくるか、解説する。

死傷者が出ると、捜査当局に原因、責任が問われるのは当然のこと、第三者機関が充分納得のいく再発防止策が求められる。鉱山は数ヶ月、またはそれ以上の操業停止を余儀なくされる。また環境意識の高まり下、事故発生後、鉱山や精錬所付近住民による訴訟も増えている。結審しなければ再稼働できないという状況も生まれている。

鉱山や精錬所が長期の操業停止に追い込まれると、資源の供給は減る。資源を必要とする会社は、足りなくなった分は市中から調達するので、相場は上げていく。値段がさらに上げると見込めば、今売らなくて、もっと高くなった時まで待てばいいという心理が市場参加者に働く。値上げに拍車がかかる。

日本企業は、海外の鉱山と長期契約を結んでいる。鉄鉱石、原料炭、火力発電所用の石炭、銅鉱石、亜鉛鉱石などを輸入している。

長期契約は、鉱石の安定調達を図るために、海外の資源メジャーとの信頼関係を時間かけて構築してきた結果である。万が一鉱山が事故に見舞われても、代替の保証を約束してもらえた。供給が逼迫した場合、優先的に出荷してもらえる。

それでも、事故は対岸の火事ではない。

長期契約の更新時、資源供給サイドは、直近の市況上昇を指摘し、値上げを例外なく要求する。日本企業が値上げ分を自分の顧客に転嫁しようとしたら、客を失ってしまった。

そういう話はいくらでもある。

一部のボリュームがある商材は、鉄鉱石、原料炭などの原料価格の変動を自動的に値段に反映する仕組みになっている。そうすると、一般消費者もコストアップ分を負担せざるを得なくなる。

バリー・ギブをインタビュー（?）したニッポンの変わった記者は、数日間、電話やメールに追いかけられた。

「70歳と聞いているけど、まだ腰ふりふりしているの？」

「バリーは整形しているという噂があるんだけど、真相に近づけた？」

１９４６年生まれだから、会った当時は69歳だった。そしてあの高オクターブの声は健在だった。

整形しているかどうか。していたから、どうなのか。今は一億総整形時代だ。

ビージーズの外観はスタイルを感じさせるが、彼らはファッション革命を志していたわけではない。むしろ文学の方向を向いていた。ボブ・ディランのように、歌詞を文学として高めていこうとしていたのではないかと思う。

“New York Mining Disaster 1941”の歌詞にMr. Jones？と問いかけるところがある。そこは、ボブ・ディランの“The Ballad of a Thin Man”と似ている。ビートルズの“Yer Blues”にもMr. Jonesは登場する。

作詞を手がけてきたバリーが、無名時代の１９７１年に愛や心の内面を綴った詩集を出版したことはあまり知られていない。

バリーともっと話す機会は訪れなかった。

「ニューヨーク州から曲名についてのクレームはなかったのですか」

これはヤボな質問かな。

「ボブ・ディランは好きですか」

もし次の機会というものがあれば、聞いてみよう。

エレベーターでバックミュージシャンに少しだが、話を聞くことができた。

バリーはナツメロ演奏が多いので、事前リハーサルは一回で10分程度音合わせをする。それだけ。人間国宝バリーは忙しいが、バックミュージシャンもいろいろなバンドを掛け持ちしていて、一堂に集まれないそうだ。

バックコーラスの女性は、自分のバンドを持っていて、今オリジナルソングをレコーディング中。友人のショーの出演があるので今日は急ぐ。飛行機？　機材と幼い娘を乗せて車よ、と足早に走り去っていった。

有名になって自家用ジェットを購入してください。

ディナー・ショーが始まる前、チャリティー機関のスタッフが私に耳打ちしました。

「バリーがあそこにいるわ」

私は自分の目を疑った。背の高いブルーの背広姿の保険外交員のような紳士。一人で会場に入ってきて、オリビア・ニュートン・ジョンと談笑していた。振り返った顔をよく見ると、ステージ衣装に着替える前のバリー・ギブだった。生唾を飲み込んだ。エンタメ界の帝王とのギャップの大きさに、アーティストとしての凄まじさを感じた。

そっとカメラに納めた。

ペギー・シーガー、U2が歌い継ぐ炭鉱悲劇

名曲“The Ballad of Spring Hill”

ペギー・シーガーとイワン・マッコールというペアによる“The Ballad of Spring Hill”（「スプリングヒルのバラード」）は、今日最も歌われている鉱山事故の追悼ソングだ。１９５８年に起きたカナダのスプリングヒル炭鉱事故をきっかけに書かれた。

曲の主たる作家はアメリカ出身のシンガーソングライター、ペギー・シーガー。アメリカのフォーク音楽の母と呼ばれ、女性解放運動の活動家としても知られる。イワン・マッコールはペギーの夫で、イギリスのフォーク界の重鎮であり、また政治活動家であった。

曲は１９６０年にアメリカのロードアイランドで行われたニューポート・フォーク・フェスティバルで発表された。フェスの実況録音はレコードに収録され、今日もＣＤが販売されている。同年のニューポート・ジャズ・フェスでは、初期のザ・ローリング・ストーンズのロールモデルとなったアフリカ系アメリカ人歌手のマディ・ウォーターズが出演しており、このＣＤも現在販売されている。有名なのは“Rollin’ Stone”という曲。ミッ

ク・ジャガー、キース・リチャーズは The Rolling Stones（複数形）を名乗り、あとは歴史が語る。

1960年のフォーク・フェスにはペギーとイワン、そしてボブ・ギブソン、ジョン・リー・フッカーなどブルースの名手が出演した。フォークとロックの巨匠、ボブ・ディランがエレキを演奏して会場を騒然とさせたハプニングは少し後の1963年だ。

“The Ballad of Spring Hill”は、長く聴かれ、歌われている。

曲の力は大きい。また、曲のテーマの石炭も人々の意識に深く刻み込まれていた。産業革命時代から1980年代まで、石炭との関係は切れないほど、生活に密着していた。当然だがロックという枠を超えて。石炭業界出身の音楽界の大物はジャズのルイ・アームストロング。プロの音楽家を志す前はニューオーリンズで石炭の行商人をしていた。時は1910年代。客引きのためにラッパを吹いていた。

炭鉱労働者の政治的発言力も大きかった。イギリスでは1980年代の炭鉱労働者ストが社会を分断し、閣僚の辞任を促した。進んで炭鉱問題と向き合うアーティストが増えた。

今世紀に入ってから、地球温暖化の問題意識が高まる中で石炭離れが進むが、多くの石炭火力発電所は現役である。リタイヤした発電所を再稼動させる制度もつくられた。2005年にエルトン・ジョンは炭鉱ストが舞台になった映画「リトル・ダンサー」のサントラを書いている。

アイルランドのバンド、U2は１９８７年に炭鉱を扱った“Red Hill Mining Town”をリリース。そしてコンサートでは炭鉱悲劇の歌“The Ballad of Spring Hill”を歌い継ぐ。

Secondhandsongs.comという音楽サイトによると、“The Ballad of Spring Hill”のフィンランド語バージョンが１９６６年にリリースされた。カバーしたアーティストは９組で、最近では２０１１年だとのこと。ネット検索をしてみると、フランス語バージョンはあるし、カバーももっと出ている。チャートにランクインされなかったカバーを含めれば、相当の数ではないかと思う。

一番知られているバージョンは、アメリカのフォークグループのピーター・ポール＆マリーによる１９６５年のカバーだ。ピーター、ポール、マリーという３人の歌手のアカペラ合唱にギターの伴奏が途中から加わり、臨場感が盛り上がっていく。

他のアーティストは、ギターのソロを最初に入れたり、ボーカルは男性だけだったり、ささやきのようだったり、いろいろなアレンジがされている。いずれも追悼ソングなので、静かに心に染みこんでいく。

U2もツアーでこの曲を歌う。コンサートには行っていないので、YouTubeで観たが、Ｕ２は硬質なプロテスト・ロックに仕上げていた。エレキとドラムを取り入れており、ボーカルのテンションが高い。
スプリングヒルはカナダのノヴァスコシア（新スコットランド）州にある人口３０００人強の町だった。赤毛のアンのプリンス・エドワード島の南にある。アンは、ノヴァスコシアの孤児院から、男の子を待つプリンス・エドワード島のマシューとマリラのもとに送られたのであった。

In the town of Springhill, Nova Scotia
Down in the dark of the Cumberland Mine
There's blood on the coal and the miners lie
In the roads that never saw sun nor sky
In the roads that never saw sun nor sky

In the town of Springhill, you don't sleep easy
Often the earth will tremble and roll
When the earth is restless, miners die
Bone and blood is the price of coal

作詞作曲：イワン・マッコール／ペギー・シーガー　The Bicycle Music Company

「ノヴァスコシアのスプリングヒルという町に
カンバーランド鉱山の暗闇のはるか下に
石炭に血がついていて炭鉱夫が横たわっている
太陽も空も見なかった路に
太陽も空も見なかった路に

スプリングヒルの町では、よく眠れない
地面はしょっちゅう揺れ動く
地がぐらぐらすると炭鉱夫が死ぬ
石炭は骨と血の代償だ」

（筆者訳）

スプリングヒルで石炭を掘り始めたのは１８２５年だが、本格的な鉱山開発は鉄道が開通した１８７０年代からである。ノヴァスコシアが開けていった頃に、赤毛のアンの物語が展開するのだ。

１９１０年にDominion Steel and Coal Corp（Dosco）という鉱山・製鉄会社が当時の鉱山開発事業体を買収した。

19世紀から死傷事故は多発していた。炭鉱では地下を掘る。火薬で岩盤を爆発させ、前に掘り進む。炭鉱事故の原因の多くは爆発事故と火災で、火薬を常用するため事故が重なる場合が多い。

Doscoはすでに解散したので確認のしようがないが、炭鉱労働者の雇用形態は複数あり、労働時間で支払われる正規従業員と、掘った石炭の重量で支払いがされた契約社員がいたそうだ。

どちらがよかったのだろうか。

中東のヨルダンからカタールの油田に出稼ぎに来ていた探鉱技術者に、重量・原油時価連動の給与か定額報酬、どちらがいいかと聞いたことがある。答えは定額報酬。脱炭素時代に原油高は絶対ありえない、との答えだった。

スプリングヒル炭鉱は当時では世界でも例の少ない深い炭鉱だった。地下２０００メートルよりさらに下を掘っていた。そこまで掘り下げるには、最先端の機材と熟練労働力が必須となる。高コストであることも想像できる。

戦後最初の大規模なスプリングヒル炭鉱事故は、１９５６年の爆発事故。39人の炭鉱夫が亡くなった。１９５８年には別の事故で74人が命を落とした。メディアが大きく救出劇を報道し、ヨーロッパにいたペギー・シーガーの知ることとなった。

「私は炭鉱に行ったことはなかった。だからイワンに歌詞を手伝ってもらった。私が本当に炭鉱に足を運んでいたと思わせる強い歌詞が必要だった」（ペギー・シーガーのオフィシャルサイト）

イワンは炭鉱労働歌を何曲か書いた実績がある。ちなみに彼の父は鉄の鋳物職人だった。石炭は工房の主たる熱源だった。

ペギーが炭鉱を見ずに知らずに創った曲は、時空を超えた名作に仕上がった。60年前に異国のソングライターがヨーロッパで書いた曲が、何世代とノヴァスコシア開拓民に歌い継がれる伝統的なフォークだと思い込んでいる人は少なくないそうだ。

「そういう評価は嬉しい」（ペギー・シーガーのオフィシャルサイト）

１９５８年以降もスプリングヒルは何度も深い悲しみに暮れる。炭鉱事故が続き、１９７０年の炭鉱の閉山まで、２００人以上の犠牲者を出した。

炭鉱の町が生んだ世界的歌手

スプリングヒルは1970年の世界的ヒット、「辛い別れ」を歌ったアン・マレーの生まれ故郷だ。アンには他に「愛の残り火」、“Nobody Loves Me Like You Do”などのヒットがある。グラミー賞受賞4回。2015年に引退した。

生まれは1945年。父は医師、母は看護師だった。3人の兄と2人の弟の8人家族だった。

アン・マレーの自伝、“From All of Me”によると、スプリングヒルは坂の多い町だった。すすや硫黄で町の建物は真っ黒だった。空気の悪さは半端ない。炭鉱の町では肺がんの発症率は高い。

「私は覚えている限り、歌を歌っていた。7歳の頃はいつも何かしら歌を口ずさんでいた」

世界的な歌手が、こんなところで生まれたのはどういう巡り合わせなのか。

「歌だけは（3人の）兄たちより上手だった……私の低い自尊心を支えてくれた」

自叙伝によると、1956年に炭鉱事故が、1957年には町の中心部で火災が、そして1958年に二度目の炭鉱事故が起こる。

「まるで呪いにかかったかのように」

10月23日の夜8時頃、アンは自宅で友達とテレビを見ていた。友人を玄関から送り出した直後、地震のような揺れに襲われた。家から数キロ離れた鉱山から衝撃音が聞こえた。事故の様子が人づてに伝わると、町民は炭鉱に向けて走った。炭鉱では祈りを捧げて、肉親の救出を待つ家族に囲まれた。学校は休校となり、アンの両親は必死で救出活動に当たった。多くのアンの友人の父親が犠牲になった。

国際的な関心を集めるようになり、イギリスのフィリップ皇太子が慰問に訪れた。

歌う炭鉱夫

スプリングヒル事故の生存者がつくった曲もあり、これも歌い継がれている。

1958年の二度目のスプリングヒル事故では、労働者が3800メートル下の地下に閉じ込められた。モーリス・ルディックという労働者が9日間、歌を歌い続けて仲間を励まし、救出されるに至った。

アメリカ・バージニア州に住んでいたミュージシャンのビル・クリフトンが、ニュースを聞き、モーリスと連絡を取った。2人で"Springhill Mining Disaster"(「スプリングヒル炭鉱災害」)という曲を書き上げる。1962年にビル・クリフトンの歌でレコーディングされた。

レコードの売上収益は遺族に寄付された。
歌う炭鉱夫として有名になったモーリス・ルディックの奇跡の生還は戯曲化された。

モーリスはカナダ名誉市民と表彰されて1988年に亡くなる。アンの回想によると、彼はアフリカ系であったため、他のヨーロッパ系炭鉱夫と別の待遇を受けていたという。アンの家族とモーリス一家は家族ぐるみの付き合いだった。モーリスには12人の子供がいたが、3人の娘たちがアンの家に遊びに来てゴスペルを一緒に歌うことが頻繁にあったそうだ。

炭鉱が最大の雇用者を抱えていた時代には、仕事を求めて、全世界から移民が炭田に集まってきた。ノヴァスコシア州にはそれぞれの音楽文化を背負ってスコットランド、イギリス、カリブ海、そしてアメリカから労働者が来た。鉱脈が発見されると、鉱山会社はアメリカの鉱山集落で熟練された働き手を大量リクルートすることもあったそうだ。

炭鉱夫は就業時間のほとんどは地下で過ごし、日常的に接する人の数はおのずと限定されているので、連帯感が強いと言われている。音楽好きは職種を問わないし、お互いに影響することはあったであろう。

労働集約型産業である炭鉱をはじめとする鉱山は、インターナショナルである。日本国内の鉱山にも、全国から仕事を求めて人が集まり、様々な方言が聞かれたという。共同作業を営む中、歩調や呼吸を合わせるために歌をうたったが、炭鉱での労働歌の成り立ちはロックの歩みと似ていた。

ロックも黒人と白人のカルチャー、ブルース、R&B、フォーク、カントリーなどが融合して、グローバル規模で形成されていった。

スプリングヒルについて私の個人ブログに書いたら、ある欧米の高名なアーティストのマネージャーから、メールが来た。私の日本語のブログを全部読んだとのことだ。おそらく翻訳エンジンを酷使したのだろう（日本での売上を伸ばすための売り込みだ、という誤解をされるのは不本意なので、あえてアーティストの名前は出しません）。

そのアーティストは鉱山事故の曲はつくらなかったが、犠牲者の家族だった。いいブログなので、頑張ってほしいと激励してくれた。

音楽の原点は心ではないか。そう考えさせられた出来事だった。また、彼女の暖かい言葉は、ときおり折れそうになる私の心に寄り添ってくれた。

スプリングヒルでは炭鉱以外にこれといった産業が育たなく、2015年に町の自治体組織は解散し、カンバーランド郡に統合された。

鉱山会社は炭鉱以外に輸送、建設土木などの事業も手がけていて、鉱山業廃業は地域経済そのものの崩壊を意味した。

スプリングヒルの物語はまだ終わっていない。

石炭を掘り尽くして何もなくなったのではない。石炭がつちかった文化遺産は脱炭素時代にうけつがれていく。

同じくノヴァスコシア州にある石炭の島、ケープ・ブレトン島は、近年、金鉱脈で注目されている。

大きな低炭素時代の流れの中で、地球上の炭鉱は減っていく運命にあり、鉱夫が歌った労働歌も聞かれなくなるが、優れた歌は残る。

アメリカのチャリティー・コンサートで出演者と聴衆が一つになって歌う "We Shall Overcome"。原曲は1900年初頭のゴスペルと言われているが、ロック歌手ブルース・スプリングスティーンのサイトによると、その元は労働歌だったとのことである。

ディランの鉄鉱石とＭＪの製鉄所

ディランの鉄鉱石鉱山

アメリカの鉄鋼産業の全盛期は、１９２０〜１９６０年代だった。世界の粗鋼生産の半分近くを占めており、製鋼材料の鉄鉱石はソ連に次いで世界二番目の生産を誇り、２割強の世界シェアを持っていた。鉄の製品需要は工業化の進展で右肩上がりだった。

ボブ・ディランは警告していた。

異変の兆しがあると。

アメリカの鉄鋼製品の国際競争力が鈍化して貿易摩擦に発展するのは１９７０年代からだ。

ディラン（本名：ロバート・ジマーマン）は、１９４１年にミネソタ州のダルースという町に生まれた。１９４８年に家族とともにヒビングという鉄鉱石の町に引っ越す。ミネソタ大学に進学する１９５９年までこの町で過ごした。

ディランの父は石油会社の管理職を勤め、会社の解職後は町の家電屋に転じ、商売を繁盛させる。

ミネソタ州のメサビ山地に鉄鉱石の鉱脈が走る。ヒビングという町の名前は、1890年代に鉄鉱石の鉱脈を発見し、世界最大級の露天掘り鉱山の開発に参加したドイツからの移民、フランク・ヒビングに由来する。ヒビング商工会議所のサイトには、ヒビングの鉄鉱石が二つの世界大戦の勝利をアメリカにもたらしたと記述されている。鉄鉱石は国なり、なのだ。

町の設立は1893年だが、1920年代に有望な鉱脈が町の地下に見つかり、町を挙げて5キロほど南に移動する。移動と引き換えにオリバー鉱山会社はディランが通ったヒビング高等学校など、公共施設を建てる。

ディランはラジオから流れる音楽に夢中になり、ギターを弾くようになり、級友とバンドを組む。

ディランの記憶に鉱石を運ぶ鉄道や土ぼこりは鮮やかだ。日本の歌手が里山を歌うように、ディランは鉄鉱石鉱山を歌った。

彼が伝えるのは空虚。赤い土を掘り尽くして、掘り尽くして、最後には何もなくなった空虚だ。二度と元にもどらない。

1963年発表の“North Country Blues”で、ディランは鉱夫の妻の絶望を歌った。

ある女性を襲った悲劇のモノローグであるが、歌詞の小さなディテールが説得力を持つ。

ざっとこういう内容だ。

「鉄鉱石が掘られていくうちに年月が過ぎていく。父も兄も当たり前のように鉱山で働いて、ある日家に帰ってこなくなった。

私は町の鉱夫と結ばれる。３人の子供が授かった。景気のいい日はあったが、ある日夫は理由もなく時短を告げられ、のちに鉱山は閉鎖した。南米の鉱石の方が安く、もうここで掘る意味はないと言われた。職を失った夫は飲んだくれ、私と子供を置いて蒸発した」

Come gather・round friends and I'll tell you a tale
Of when the red iron pits ran a-plenty
But the cardboard-filled windows and old men on benches
Tell you that the whole town is empty

In the north end of town my own children are grown
But I was raised on the other
In the wee hours of my youth my mother took sick

And I was brought up by my brother
（略）
They say that your ore ain't worth digging
That it's much cheaper down in the South American towns

作詞作曲：ボブ・ディラン　Audiam Inc.

「おいでよ友よ、ちょっとお話をしよう
赤い鉄鉱石の穴がいっぱいだった頃
でも段ボールがつまった窓とベンチの老人は
町全体は空虚と物語っている

私の子供は町の北のはずれで育っている
でも私は向こう側で育った
若い頃母親は病気になって
私は兄に育てられた
（略）

……南米の石の方が安く、もうここで掘る意味はないと言ってるよ」

（筆者訳）

「南米の石の方が安く、もうここで掘る意味はないと言ってるよ」という歌詞から、１960年代からグローバリゼーションの影響が出ていたことが感じ取れる。戦後、カナダや南米で鉄鉱石の鉱脈が発見され、開発が進んだのだ。

ヒビング商工会議所によると、世界大戦時、ヒビング周辺の山がアメリカの鉄鉱石の4分の1を生産していた。

また資源は無限ではない。どんなに大きい鉱山でも埋蔵はいずれ底をつく。露天掘りから、さらに下を掘る地下採掘に転じた鉱山もあったが、高コストに悩まされた。

1950～1960年にＵＳスティールをはじめとするアメリカの製鉄所は、低品位のタコナイト鉄鉱石を使った製鉄研究に力を入れ始める。この動きも既存の鉱山に打撃を与えた。

繁栄を謳歌したら時代が変化し、失業者と貧困に蝕まれる廃墟に転じる。このサイクルをアメリカの鉱山、製鉄所、自動車工場の城下町が繰り返していった。

中国の旺盛な鉄鋼需要に引っ張られ、世界中の鉄鉱石の値段が高騰したリーマンショック前は、低品位の石の最適化に製鉄所は血眼になった。鉄の含有量が低い、低品位の鉱石の値段は安い。低コストの低品位鉱石処理技術を確立できれば、大幅なコスト削減が図られるのだ。

が、低品位鉱石の利用も、さらに安い原料の普及によって衰退する。鉄スクラップ（鉄屑）という、廃車、解体ビル、工場から派生するリサイクル資源だ。安価な鉄スクラップにタコナイト鉱石需要が食われ、アメリカにある多くのタコナイト処理工場の稼働はこの数年止まったまま、と日本の製鉄所の幹部は話す。

が、しぶとく生き残った鉄鉱石鉱山は幾つかあり、今日も稼働を続けている。アメリカ地質調査所によると、２０１８年にミネソタ州とミシガン州の計７カ所で鉱山が稼働している。

ディランは１９５９年にヒビングを去って進学し、ミネアポリスそしてニューヨークに活動拠点を移す。しかし、鉄との関わりが終わったわけではなかった。ディランは鉄屑を使った工芸制作を趣味で楽しんでいる。近年、展覧会を行っている。

日本の神戸製鋼所はタコナイト鉱石を始めとする低品位鉱石の適正利用の研究を続けており、その技術は同社のミネソタ州の鉱石処理工場で採用されている。

タコナイト鉄鉱石は最終的に製鉄所で還元という工程を経て粗鋼になり、さらに圧延されて板なりパイプなどの製品になる。

日本製鉄が買収しようとしているＵＳスティールが保有する、インディアナ州にあるゲイリー製鉄所とメサビ山地は鉄道で結ばれている。

ゲイリー製鉄所にはマイケル・ジャクソンの父が勤務していた。

マイケル・ジャクソンの鉄のビート

マイケル・ジャクソンのフルネームはマイケル・ジョセフ・ジャクソンだ。マイケルと8人の子供を育てた父、ジョセフ・ジャクソンはインディアナ州ゲイリー市北部にある製鉄所で働いていた。

マイケルはジャクソン通り２３００番地にある小さな家で幼年時代を過ごした。２３００番地ジャクソン通り。１９８９年に旧ジャクソン5がリリースした曲のタイトルでもある。

２３００番地の生家、ブロードウエイ通りの壁画、そして兄たちとステージに立ったパラス劇場（Gary Palace Theater）はゲイリー市の3大マイケルスポットで、ほぼ当時のまま保存されている。市にメールで問い合わせれば、行き方を親切に教えてくれる。

ジャクソン一家がゲイリーに移り住む前から、家に面した通りはジャクソン通りといった。アメリカの道路は歴代大統領の名前が当てられることが多い。アンドリュー・ジャクソンという大統領がいたのだ。

ジャクソン通りは高級住宅街ではない。マイケル邸にはモニュメントが建ち、ゲイリー市の顔になってしまったが、付近の住人の暮らしは豊かとは言えない。この通りの住宅を買い上げ、低所得層に提供する事業を行っている慈善事業団体があるくらいだ。

ゲイリー市は住みたくなる町にはほど遠い。

慈善事業団体、フラー・センターによると、ゲイリー市の貧困率は2割以上だとのことだ。大学進学率は、アメリカの平均を下回る。

市の人口の8割強がアフリカ系アメリカ人だ。アメリカ初のアフリカ系市長を誕生させてもいる。

父ジョセフが勤めていたゲイリー製鉄所は、今日も健在だ。ブロードウエイ1番地にある。ジャクソン通りのマイケルの家から北に進行し、ハイウエイ20を右折し、ブロードウエイを左折してまっすぐ一番地まで北上する。

ゲイリー製鉄所設立は1906年。当時は都市計画という概念が乏しく、無秩序に工業ゾーンに住宅が建てられていった。

ゲイリーは鉄の町だ。市と製鉄所の名前はUSスティールを創業したエルパート・ゲイリーの名字に由来する。ＵＳスティールは過去も現在もゲイリー市の最大の雇用者だ。ＵＳスティールは、粗鋼生産で米国で二番目の大手鉄鋼メーカーである。１９６０年代は世界一の粗鋼生産を誇っていた。現在の粗鋼生産能力は２２００万トン／年。

ゲイリー製鉄所は製鋼から製鉄までを手がける一貫製鉄所。ＵＳスティールの一番大きい工場で、現在の粗鋼生産能力は７５０万トン／年だ。

ゲイリー製鉄所は一貫製鉄所という部類に入る。鉄鉱石を還元した粗鉄から最終製品まで一つの工場で製造する、マルチな大型施設だ。日本製鉄、ＪＦＥスチール、神戸製鋼所が一貫製鉄所だ。

マイケルは著書、『ムーンウォーク』で、物心がついてから10歳頃までの、鉄の時代について少し記述している。

「父に関しての一番古い記憶といえば、製鉄工場からの帰り、僕らみんなのために大きな袋一杯に、テカテカと光っているドーナツを買ってきてくれたことです」(田中康夫訳)

１９６０年代のゲイリー市の人口の５人に１人が製鉄所勤務だった。ゲイリー製鉄所からは始終、機械音が聞こえていたに違いない。工業地帯特有の匂いもしたはずだ。

アメリカの環境庁は数度、ゲイリー製鉄所に対して、廃棄物投棄や水質基準について勧告している。体に悪そうな環境だ。

ジョセフは製鉄所で働きながら、ファルコンというバンドで音楽活動をしていた。地元のクラブなどでギターを演奏した。家の近くのガレット小学校に通っていたジャクソン兄弟もステージに立った。

ジョセフは地元でレコード会社を経営していたゴードン・キースと知り合う。キースはジャクソン兄弟のレコーディングを勧める、もしくはジョセフが子供たちをキースに売り込んだという説もある。

「キースさんも父さんとおなじように音楽の好きな工場労働者だったのですが、彼は父さん以上にレコーディングや音楽ビジネスに精通していました」

レコード会社はスティール・タウンと言った。

「彼のスタジオはダウンタウンにあり、僕らは土曜の朝、僕がその頃大好きだった番組が始まる前に出かけました。キースさんは玄関で僕らを出迎えると……」

スティール・タウンの設立は1966年で、その年にジョセフとレコーディング契約をし、翌年“Big Boy”というレコードを出した。

「それは女の子と恋に落ちたがっている少年のことを歌った。まあまあの曲でした……そのレコードがゲイリーのラジオ局でオン・エアされるようになると、僕らは地元で一気にビッグになりました」（田中康夫訳）

それから間もなく、ジャクソン家はモータウンというレコード会社と契約し、鉄の町を離れてロサンゼルスに引っ越す。モータウン・レコーズは１９５９年にデトロイトで設立された大衆音楽のレーベルで、ダイアナ・ロス、スモーキー・ロビンソンなどのアフリカ系アメリカ人アーティストを育てた。創設者のベリー・ゴーディーは元工場労働者だった。フォードの自動車アセンブリー工場で働いていた。モータウンはモータータウン（車の町）の略だ。

マイケルの１４０超の曲には鉄賛歌なんてこれっぽっちもない。しかし、彼を世に送り出したスティール・タウンとモータウンというレコード会社名に、鉄と自動車産業がいかに生活に密着していたかが感じられる。

ゲイリー時代の出来事に着想を得たらしい、という曲はある。Feelguideというサイトによると、ある日、ギャング抗争が家の前で勃発した。マイケルは家の窓から抗争模様を観戦していた。10年後、その記憶が曲になったそうだ。

殴れ、殴れ、殴りまくれというリフレインの曲。誰でも知っている「今夜はビート・イット」だ。

(https://www.feelguide.com/2017/01/26/the-incredible-story-behind-eddie-van-halens-guitar-solo-on-michael-jacksons-beat-it/)

ゲイリー市は、アメリカの落ちぶれた工業都市、ラストベルトの典型だ。ラストベルトがトランプ大統領をつくった。とは言っても、ゲイリー市は独特で、そこは民主党の地盤だ。

アメリカの鉄鋼産業は、１９６０〜１９７０年代は日本とドイツ、そして近年は中国の鉄鋼メーカーの台頭で伸び悩んでいく。一時は18万人に近かったゲイリー市の人口は10万人を割り、１万人以上を雇用していたゲイリー製鉄所の従業員も５０００人を切り、３８００人になった。他の製鉄所と同様、解雇した人の数が雇用されている人を上回った。

最もアメリカ的なゲイリー市を、こんなにしてしまったのは誰だ。

製鉄プロセスの自動化によって製鉄所は人員削減を迫られた。これはゲイリー市の公式見解だ。現在、鉄依存脱却を目指して、カジノ運営や観光業で活路を見いだそうとしている。

ゲイリー製鉄所規模の大工場は、設備に大きく依存するので、低コスト化が経営の柱だ。アメリカはコスト競争で中国や他の外国に勝てなかった。これが、鉄鋼業界の一般認識だ。

ゲイリー製鉄所はいろいろな点で恵まれている。まず立地だ。原料と顧客が、手の届く範囲に集結している。

自動車工場などの大手需要家がいるデトロイトに近い。

鉄鉱石と原料炭という基本原料はアメリカ国内で調達できてしまう。鉄鉱石はボブ・ディランが生まれ育ったミネソタ州メサビ山地から、原料炭はバージニア州から主に鉄道で運ばれる。

日本でもアメリカでも、原料と製品の輸送コスト増は無視できなくなってきている。とりわけ、トラック運送業界の人手不足は両国で深刻だ。

日本の鉄鋼メーカーは、原料を全量輸入している。オーストラリアやブラジルからの船足は１、２ヶ月。船の到着が遅れるということは、ひんぱんにある。原料の在庫を積んでおかないといけない。

ゲイリー製鉄所の規模が大きいことも、メリットだ。マーケットの範囲が広い。これから自動車が自動車でなくなる、エネルギー源が変わる、そういった産業大変革が待っている。そういう不確定の時代では、引き出しはたくさんあった方がいい。自動車メーカーが積極的に異業種企業と提携関係を構築しているのはそのためだ。

しかし、規模が大きいからこそ、設備の改修コストが重なる。老朽化した設備を抱える日本の製鉄所も同様の悩みを抱える。２０１８年中、国内の一貫製鉄所の事故が相次いだ。設備投資を怠り、古い設備を使い続けた結果だとある製鉄所幹部は言う。

トランプ前大統領は、衰退する鉄鋼産業を立て直す為に2018年より輸入鉄鋼製品に25％の高関税をかけた。アメリカ国内の鉄の値段は上昇した。幸い経済は好調で、鉄のインフラ関連需要が見込め、鉄鋼産業は成長していくと思われていた。

しかし2019年6月、USスティールは、ゲイリー製鉄所を含む国内工場の減産を決める。高関税で輸入品をアメリカ市場から閉め出しても、鉄そのものの需要が伸び悩んでいるのだ。

マイケル・ジャクソンはまるで一貫製鉄所だった。作詞作曲、振り付け、歌、踊り、楽器演奏、そして契約交渉までもこなしてしまう。ソウルフルであり、ロックし、バラードを歌えばテクノ・ミュージックを踊りこなす、ずば抜けたアーティストだった。

1995年にリリースされた、ほぼシンセサイザーとボーカルだけの、しっとりしたバラード、「ユー・アー・ノット・アローン」。作詞作曲はR. Kelley。これほどシンプルな歌も、マイケルが歌うとスケールが大きくなる。

マイケルと親しかったプロデューサー、クインシー・ジョーンズは、自身のアフリカ系黒人というルーツと過去の音楽を探究した結果、マイケルは音楽家として成長したと自叙伝で述べている。マイケルのムーンウォークというダンススタイルのルーツは、20世紀初頭にアメリカで流行したミンストレル黒人大衆ダンスにあるという指摘は多い。

２００９年6月25日にマイケル・ジャクソンは世を去った。もし一命をとり留めていたら、自分の歩んできた道を振り返り、鉄の町の歌を書いていただろうか。マイケルが幼年期の記憶を昇華させると、ビートルズの「ペニー・レイン」のような曲を書くのだろうか（ならないだろう）。是非聴きたかった。

ビートルズの出身地であるリバプールは19世紀中、イギリスの貿易の中核を担う港だった。世界初の蒸気機関車は、リバプールとマンチェスターを結んだ。

リバプール、マンチェスター、ゲイリーといった全然お洒落ではない工業都市に新天地を求めたブルーカラー層は、どういう夢を見ていたのだろうか。荒れた心を原動力にのし上がったスターに、日の目を見ることができた時にこそ、若い日を振り返ってほしかった。

スティングは造船会社の社宅で生まれたが、62歳になった２０１３年に自分の生い立ちを振り返る曲、“The Last Ship”をリリースした。

マイケルは失われた子供時代を取り戻すために、ネバーランドという、遊園地付き豪邸をロサンゼルスに建てた。ゲイリー市には、２００３年に一度、里帰りした。しかし気持ち的にゲイリー時代に戻りたいと思っていたのだろうか。里帰り時には市長と共同記者会見をし、ゲイリー市に自分の名前を冠した芸術振興施設を建てる構想を発表したもの、実現はしなかった。

"Chicago Crusader"というローカル紙によると、「マイケルの子供時代を奪った」父は２０１８年の６月に癌で亡くなった。89歳だった。

(https://chicagocrusader.com/jackson-family-patriarch-dies-at-89/)

ゴードン・キースはまだゲイリー市に住んでいるらしい。フェイスブックにアカウントを持っている。

YouTubeに、廃屋状態に置かれたスティール・タウン・スタジオの動画が幾つか投稿されている。もうレコーディングはしていないのだろうか。

電炉城下町出身のミュージシャン

製鉄所は大きな施設ばかりではない。鉄鉱石から鉄を還元する設備は高炉と言われ、ゲイリー製鉄所は高炉だった。電炉と言って、鉄スクラップ（屑）を電気炉で溶解して板やコイルにリメイクする製鉄所もある。規模は高炉より小さい。東京製鐵が電炉だ。

ロブ・パリッシはオハイオ州の電炉村、ミンゴジャンクション村の出身だ。１９７６年のヒット、「プレイ・ザット・ファンキー・ミュージック」を放ったワイルド・チェリーのボーカルだ。高校卒業まで村に住んでいた。

ミンゴジャンクション村は、映画「ディア・ハンター」のロケ地としても有名だ。ベトナム戦争に行く3人の男たちは、製鉄所の工員という設定だった。

ロブ・パリッシはミンゴジャンクション村の奇跡。世界で最も有名な元村民を敬って、ロブ・パリッシ通りが村にできた。

２０１４年のミンゴジャンクションの人口は３３４４人。平均年齢は51歳と高い。粗鋼生産１５０万トン／年の中規模の Acero Junction 製鉄所は、２００９年からほぼ10年間、中核設備である電気炉を停めていた。その間経営者が何回か変わった。

２０１８年に製鉄所はインドの鉄鋼メーカー、JSW Steel に買収された。交渉がまとまった時、村はお祭り騒ぎになった。日本の鉄鋼メーカーと取引する商社もこのニュースに沸いた。ＪＦＥスチールは JSW Steel 株の15％を保有している。買収によって、商社の取引先がＪＦＥから JSW Steel へ、そして Acero Junction に広がる可能性が出てくるのだ。日本の鉄鋼市場は硬直状態で、海外に出て行かなければ新しい展望は開けないのだ。

２０１８年12月に Acero Junction 製鉄所は鉄の生産を再開した。

上昇気流に乗れるかどうかは、５億ドルという資金をこの製鉄所に投下する JSW Steel の経営手腕にかかっている。

現在はフュージョンの世界で活躍しているロブ・パリッシも、鉄ソングは書かなかったようだ。

スプリングスティーンが歌ったアメリカ鉄の衰退

ベツレヘム現象

鉄の供給過多は価格低迷につながり、減産、稼働停止、そして大量解雇が労働市場を襲った。製鉄所は地域経済の要であり、最大の雇用者であったため、社会的関心を呼んだ。

1970年代に日本、ヨーロッパ、韓国、インドなどが鉄の生産を伸ばし、世界市場は供給過剰に陥った。工場労働者にしわ寄せが行く。

1980年にアメリカの製鉄所は50万人強を雇用していたが、1989年にはその数は半減している。

1980年代の鉄鋼業界の労使問題はミュージシャンに選ばれるテーマであった。失業してヤケッパチな気持ち。鉄鋼メーカーや政府に対しての批判が詠まれた。実存する会社や地名が歌詞に登場した。

中でも群を抜いて人気があったのはビリー・ジョエルの「アレンタウン」だ。

1982年リリースの「アレンタウン」はアルバム“The Nylon Curtain”に収録された。

アレンタウンはペンシルバニア州の人口約12万人の都市。アメリカの自動車メーカー、クライスラーを倒産の危機からV字型回復に導いた社長、故リー・アイアコッカはアレンタウンの生まれだ。

製鉄技術の最先端を行っていたジョンズタウン製鉄所は、老朽化設備の維持コストや競合の出現で経営が立ち行かなくなり、1923年にベツレヘム製鉄所（Bethlehem Steel Company）に売却された。ジョンズタウン製鉄所はブルース・スプリングスティーンが“The River”という歌で取り上げている。

ベツレヘム製鉄所はアレンタウンに隣接したベツレヘム市にあった。1966年の時点で、USスティールに次ぐ世界で二番目に大きい製鉄所で、年間1930万トンの粗鋼生産を誇った。が経営環境は1970年代から悪化し始め、1981年から人員整理を始める。自宅待機や解雇を余儀なくされた労働者の数は、一拠点につき数千人に及んだ。失業者の受け皿が容易に見つからないことから大きな社会問題になった。

ベツレヘム製鉄所の経営回復はなかった。1995年に生産を停止し、2012年に破産した。施設は解体され、一部はカジノになっている。

アメリカの製鉄所はリストラと同時に技術の刷新と労働生産性向上を図った。アメリカ労働局によると1989年の製鉄所の労働生産性は、1980年に比べて60％向上しており、他の産業を上回った。

そんな経営努力は解雇された労働者の心に届くわけがない。ビリー・ジョエルはリストラされた工員の喪失感を歌った。


「アレンタウン」を聴くならば、最初から再生することをお勧めしたい。ピアノのイントロの前に、汽笛が聞こえてくるはずだ。曲の随所にピアノのアドリブが入るが、その背後に機械音が聞こえる。

ミュージック・ビデオには、製鉄の後工程だと思われる製造ラインの映像が流れる。ビデオを見ながらだと、工場の音がよりはっきり聞こえるかもしれない。

ビリー・ジョエルはニューヨーク市生まれのシティーボーイだ。アレンタウンのビデオ制作においては、実際の製鉄の工程を意識していたようだが、製鉄所で働く人の心にとどきたいという気持ちの表れだろうか。

ベツレヘム製鉄所は過去のアメリカの栄光を象徴する存在だ。それが手に取るように沈下していく。やるせない。そういう感情が全米で共有され、ベツレヘム現象が起こった。

アレンタウンに刺激されて、たくさんのベツレヘム曲が書かれ、Bethlehem Steel という名前のバンドまで現れた。

アレンタウンの歌詞は反体制的なトーンがあったが、ビリー・ジョエルは積極的に政治的な発言はせず、したたかに次のヒットを狙っていった。１９８３年にイノセント・マンをヒットさせる。

ブルース・スプリングスティーンは鉄鋼業に物言うアーティストだ。

「ピッツバーグはもはや鉄の町ではない。マッキースポートからホームステッドにいたって、我々の父が働いていた製鉄所はもうない」（ブルース・スプリングスティーンのオフィシャルサイトより）

ブルースはアメリカの鉄鋼産業の形跡を丁寧にたどっていった。

ブルース・スプリングスティーンが歌う鉄

ブルーカラーのロッカーと呼ばれている、ブルース・スプリングスティーン。生まれは製鉄所がないニュージャージー州のロング・ブランチだが、重工業地帯のペンシルバニア州はすぐ西だった。１９７０年代はずばり、Steel Mill（製鉄所）という名前のバンドで活動をしていた。

「実社会とのつながりに焦点を当てたロックンロール」が彼の一貫したテーマだ。

政治的にはリベラル。ブルースはアメリカ最大の労働組合である全米鉄鋼労組（United

Steelworkers Union）を財政支援と歌を通じてサポートしてきた。反原発のＭＵＳＥ（Musicians United for Safe Energy）やアムネスティー・インターナショナル主催のツアーにも参加する。

隠れたアメリカの名作フォークソングの発掘をライフラークとしているらしく、コンサートでは無名アーティストの作品を演奏することがある。

文筆家としても評価は高く、彼の曲は歌詞だけで鑑賞に耐えうる。

アレンタウンがリリースされる2年前の１９８０年に、１９７０年代の建設不況を中心テーマにしたコンセプトアルバムを出した。アルバムは“The River”。

アメリカの内陸では河川は資材の輸送ルートの一つだ。

“The River”は製鉄所の仕事を失い、心が折れてしまった男の内面を唄うバラードだ。世には悲しい敗者の悲しい歌にあふれているけれど、“The River”をはじめとするブルースの曲は説得力がある。そして心を動かされる。

ペンシルベニア州に実存したジョンズタウン製鉄（The Cambria Iron Company of Johnstown）が曲に登場する。１８５２年設立。19世紀の最も近代的な製鉄所だったとのことだ。

歌は、ほぼ演歌。妻との馴れ初め。歓迎されなかったできちゃった婚。ジョンズタウンで職を得た。でもバブルがはじけて生活は苦しい。川を下ろう、という節で小節を効かせる。

ブルースの回想録、"Born to Run"によると、アルバム・タイトルになった"The River"は建設業に従事していた妹の夫をモデルにしているという。想像だけで素晴らしい歌を書くアーティストはいるが、ブルースは人から聞いたことより、自分で見たことを表現したい人なのかもしれない。そこはボブ・ディランのようだ。だから曲を聴かないで歌詞だけで、あるいは歌詞の意味がわからなくてもセンチメンタルになってしまうのだろう。

1995年リリースの"Youngstown"も実存する鉄の城下町だ。町に住む、悲しみをぐっとこらえて生きている普通の家族の物語だ。

鉄鉱石の鉱脈が発見されて、高炉が建ち、父もオレもそこで働く。それは別に嫌ではなくて、むしろ誇りに思っている。戦争に息子達を取られて、大義に疑問を抱く……そういうナレーションの中で、鉄鋼業界の業界用語、例えば高炉（blast furnace）とかコークス（coke）が随時散りばめられている。しかも正しく使われていて、さりげないので、鉄鋼業界を知らない人でもちゃんとついていけるのである。

ブルースは鉄にこだわりがあって、一時バンドの名前を"Steel Mill"（鉄圧延工場）にしていた。突出した鉄への愛はそこに働く人たちへの愛であり、彼らの生活、職場、人生を知ろうとジャーナリスト並みに取材を重ねたのではないかと思う。

「自分の心をどこに置けばいいのか、理解しようとする人間のサウンドです」（鈴木恵・加賀山卓朗訳）

ブルースは回想録（Born to Run）でこう結んでいる。

人生は重苦しいが、耐えて問いかけていこう。

目を背けたくなるが、現実を直視しよう。

アメリカの人々は彼らの歌を日常的に繰り返し聴いた。歌を聴いて、一緒に歌って、我々は鉄の労働者と共にあると思ったに違いない。

ジューダス・プリーストのやけくそソング

イギリスのヘビメタバンド、ジューダス・プリーストも鉄を扱ったアルバムを出した。

１９８０年の“British Steel”である。

British Steel は実在するイギリスの鉄鋼メーカー。元国営企業だ。アルバムが出て39年後の２０１９年5月に同社は自己破産した。英国のＥＵ離脱で経済の見通しが見えなくなっていた中で。

鉄や製鉄会社と関係する歌が一曲も収録されていないこのアルバムタイトルは謎だ。2016年の“Louder”というロック誌のインタビューでロバート・ハルフォードは、日用雑貨のジレット製のカミソリの刃から、British Steelというロゴ入りのカミソリの刃に発想が展開していったと述べている。カミソリの刃は格好いいアクセサリーというノリだったらしい。ビジュアル重視なのだ。

1980年にBritish Steelではサッチャー政権の合理化政策に反対してストライキが起こっており、連日のトップニュースになっていた。

ジューダス・プリーストのアルバムでは社会派のテーマ、失業問題を取り上げている。“Breaking the Law”という曲もその一つだ。失業して町から町へさまようが、法を犯してもしょうがないという、やけくそソングだ。

ぬくぬく生活していれば、金属製の機械による人間社会の支配を許してしまう、機械が神として人間を操る日がくるという警告を発している。金属という物資はヤバいぜ、みたいな。

時代の流れを世の中に問うている。

ジューダス・プリーストや他のヘビメタのサウンドは、他人を圧倒させるもので、結婚式でかけたい曲ではない（と筆者は思う）。

それでもジューダス・プリーストのサウンドは聴いた人の心の奥深くまで入っていった。悪い意味で行動に影響を及ぼした。

1985年、ジューダス・プリーストの別の曲を聴いていたアメリカの2人の青少年が、自殺を図った。トランス状態になって拳銃の引き金を引いたとされる。1人は死亡し、命を取りとめたもう1人の家族が、1990年にジューダス・プリーストを裁判で訴えた。青少年を自殺に誘導するサブリミナルな暗示が事件を引き起こしたと主張した。家族側が敗訴した。

問題になった曲は〝Better by You, Better than Me〟で、ジューダス・プリーストのオリジナルではなかった。歌詞も直接自殺をそそのかすわけでもない。

こんな生活に、こんな社会に、こんな私に誰がした。ブルース・スプリングスティーンもビリー・ジョエルもジューダス・プリーストも言いたいことはこれだろう。

ウイスキーと銅のアウトロー伝説

ディラン・ブランドのウイスキー

アメリカの名士はウイスキーに造詣が深いのだろうか。初代大統領、ジョージ・ワシントンは蒸留所を経営していた。

ボブ・ディランもディラン・ブランドのウイスキーを作ってしまった。自らテイスティングして創ったブランドは、天国への扉（Heaven's Door）という。蒸留所はテネシー州にある。

ウイスキーの歌も歌った。

１９７０年の"Copper Kettle in a Vimeo"（作詞作曲 A.F.Beddoe)。ロック史上最も実用的な歌だ。ウイスキーの作り方を処方しているのだ。潰したとうもろこしを銅のやかんに入れて、月の光にさらして置く。たき火をしてやかんを暖めればいいらしい。

スティーブ・アールの“Copperhead Road”

１９８８年にアメリカでリリースされたスティーブ・アールの“Copperhead Road”。リリース時からカントリーとロックを融合させた傑作と高く評価されていた。偽りのないハート・オブ・アメリカの叫びとでも言おうか。

なんというリアルな情景だろうか、と金属ジャーナリストはつぶやく。

ウイスキーの蒸留には銅が使われる。しかし大きな飲料メーカーはあまり大きな声では言えない。銅の緑青が健康に与える影響を心配する人がいるからだ。

ウイスキーを蒸留する際、アルコール成分が銅イオンと接触する。硫黄などの不純物が除去される。銅には殺菌作用もある。また銅は放熱が速いので、蒸留後の冷却に向いている。

歌詞にある銅管は、蒸留器のラインアームの代替だったのであろう。銅は強度や耐食性に欠けているので、おじいさんはしばしば町に出て交換用の銅管を調達していたのだろう。

これを知っていてスティーブ・アールは曲を書いたのか。

歌ではおじいさんも親父もウイスキー事業で失敗して、オレは別の怪しいことに手を染めて地獄に落ちる。

全然救いがない。知人は、戦争映画のサントラみたい、と評していた。

そのリアルすぎるディテール、そして布を切り裂く叫びのようなボーカルが心に刺さる。エレキ、フラット・マンドリンとアコースティック・ギターのハーモニーが見事で、これは文句なしにすごい。

Wikipediaによると、曲を書いたスティーブ・アールはテキサス州出身。高校中退。テネシー州のナッシュビルで働きながら演奏活動にいそしみ、1988年に“Copperhead Road”で全国区で注目される。

過去のインタビュー記事によると、薬物依存症に苦しんだそうだ。本人と確認しようと連絡を試みたが、うまくいかなかった。もしこれが本当であれば、自分の曲を地で行ってしまったかのようだ。

Copperheadは北米に生息する毒蛇だ。Copperhead Roadは実在する、テネシー州のジョンソン・カウンティーの地名だ。現在はCopperhead Hollow Roadと改名されている。ネットのチャット記録によると、この曲の大ヒットで道路の表札が次々と盗まれたため改名されたとのことだが、これも真偽はワカリマセン（地元の商工会議所に問い合わせましたが、返信はありません）。

風光明媚なテネシー州は地下資源に恵まれていた。1843年に、金の探鉱時に銅鉱床が発見された。そのなごりで、Copper HillとかCopper Basinなど、Copperのつく地名がテネシー州に見られる。

アメリカは、鉱脈を探していた開拓民が荒地を切り開いていって集落を築いていったという歴史があり、全国的にゴールドとかカッパーという地名が多い。Copper Cityという名前の市はミシガン州とカリフォルニア州に、Copper County（郡）はミシガン州にあるが、いずれも銅鉱脈が由来だ。

銅管は英語でcopper tubeとかpipeと言われているが、スティーブ・アールの曲ではcopper lineと言っている。Copper Lineもよくある地名である。アメリカ音楽界大御所のジェイムス・テイラーの曲になっている。井上陽水の少年時代風の、Copper Lineという場所で過ごした昔を懐かしむ内容。銅とは関係ないが。

テネシー州の初の銅の精錬所——鉱石から金属分を取り出し、地金に固めるプロセス——はHiwassee鉱山に1854年に建設された。日本でも銅鉱石は全国で採掘されたが、1590年代の江戸時代には住友金属鉱山の前身が銅を精錬していた。

銅鉱石の価値は、その時々の銅の相場と、鉱石に含まれる銅の量で決まる。鉱石には金、銀も微量だが含まれている。また、肥料に使われる硫酸も、鉱石から銅成分を取り出す際に出てくる。

国内最大手の銅精錬所、パンパシフィックカッパーは、2018年の4月から9月に月

5万トンの銅、13万トンの硫酸、3トンの金、そして27トンの銀を生産した。

パンパシフィックカッパーの鉱石は、ほとんどがチリ産だ。同社に出資しているJXTGホールディングスは、世界一大きいチリのエスコンディーダ鉱山の少数株主である。

テネシー州の代表的な銅鉱山はBurra Burraと言った。1880年頃歌われていたという、誰がつくったのかわからない“Burra Burra Mine”という歌が残っている。一山あてようとやってきた様々な男たちが夜、どんちゃん騒ぎする、なんて楽しい、という、ノーテンキな内容だ。

お洒落なバーなんてなかったから、山師は適当なところでキャンプしていて、余興でふざけあっていたのだろう。鉱物採掘は肉体的に消耗する労働だ。時には夢を見たい。思いっきりはめをはずしたい。

鉱山地帯でのエンターテイメントの需要は、当時からきちっと認識されており、商売として成立していた。歌手や楽団がアメリカの鉱山集落を回っていた。人気のあるグループは、オーストラリアの鉱山まで遠征していた。

私が訪れたアリゾナ州の銅鉱山の周辺のバーでは、カウボーイの格好をしたおじさんがギターを片手にカントリーを歌っていた。イーグルスの「テイク・イット・イージー」が聞こえてきそうだ。でも鉱山労働者は疲れ果てているので、音楽を吟味する余裕はなさそうだ。わけのわからない冗談を交わして大笑いしていた。

Burra Burra 鉱山の鉱石の銅品位は10～15％だったとされる。日本の銅精錬所が今日南米から輸入する精鉱（選別された鉱石）より若干落ちる。

テネシー州の銅鉱業はたびたび試練に見舞われる。鉱石の販売先は北部に依存していたため、南北戦争で顧客を失う。鉱山運用コストは、器具の高騰により上昇。中小鉱山を圧迫し、高コスト鉱山は淘汰される（Patricia Bernard Ezzell 著“Burra Burra Copper Company”より）。


歴史は繰り返される。アメリカは銅鉱石を中国に輸出していたが、米中貿易戦争の結果、2018年に中国はアメリカ産銅鉱石に25％の関税をかけた。中国は関税を避けて中南米やアフリカからの調達に力を入れる。アメリカのユタ州やアリゾナ州の銅鉱山は、中国以外の顧客を探すが、一時は売れる見込みのなくなった銅鉱石が倉庫にあふれていた。今までは、予定外在庫を中国で新規に立ち上がった銅精錬所が吸収していたのだ。

また中国経済の鈍化により、銅地金の国際相場は下がり、中国、アメリカだけではなく、全世界の高コスト鉱山と精錬所の経営は苦しくなってきた。19世紀の鉱山は環境規制がなかったので、鉱石も水も採り放題だったが、今日は鉱業による水、空気、土壌への影響は最小限にとどめなければいけない。環境保全に必要となる投資は小さくない。

スティーブ・アールの曲が書かれた１９８８年では、テネシー州は銅の生産はしていなかった。１９８７年にテネシー州最後の銅鉱山会社、Tennessee Chemical Company が最後の山を閉じた。

ほかにテネシー州では鉄鉱石、原料炭、鉛、亜鉛が採掘される。製鋼原料の原料炭の主たる輸出先は日本だそうだ。

ちなみにテネシー州ではウイスキーの生産が盛んだ。隣のケンタッキー州と米国内の生産量の首位を争う今日だが、長い低迷期があった。１９２０年、禁酒法により全米でアルコール飲料の販売が禁止された。今で言う嫌煙運動が全国的な禁酒法という形で実を結んだのだ。禁酒法廃止の１９３３年まで、ビール、ワイン、ウイスキーの醸造は地下産業だった。

禁酒法で銅の蒸留機材を作るメーカーは打撃を受けた。当局に隠れて密造する小規模醸造家向けの小型蒸留装置の需要はあったが、多くは廃業するか、産業用アルコール製造機器に転じて細々とやっていた。当時の小規模蒸留装置は現在ではコレクターズアイテムになり、アンティーク市場で取引されている。

禁酒法廃止法案の審議が議会で始まり、廃止への道筋が見えてきてから、蒸留装置の注文が入り始め、猫の手を借りたいほど忙しくなっていった。

奨励されるウイスキー生産

今日、テネシー州はクラフト・ウイスキーやワインの生産をむしろ奨励している。銅製蒸留器は相変わらず忙しい。

蒸留器の素材は、メンテナンスに手がかからないステンレスに一部置き換えられている。ステンレス容器は特にワイン醸造所に普及している。

あるフランスの香水メーカーは、銅蒸留装置をアルミニウムに切り替えた。コスト削減のためである。

しかし、アメリカの小規模のクラフト・ウイスキー蒸留所は、昔ながらの製法を売りにしており、銅の蒸留装置に固執する。

銅はウイスキーの味に関係するのだろうか。

サントリー傘下のバランタイン・ウイスキーのサイトによると、大いに関係があるそうだ。

アメリカ英語ではCopperはウイスキーの蒸留装置という意味もあるらしい。Copperという冠のクラフト・ウイスキーブランドは米国中に多く見られる。

ウイスキーの蒸留器の部品交換には神経を使うだろう。蒸留器メーカーによると、蒸留器の寿命は7年。ウイスキーが成熟する前に蒸留器がだめになる。

部品の交換頻度が高いから、長持ちする別の合金、例えば10円玉のような錫入り銅合金を使ったらどうだろう。含まれる銅や他の元素構成が変わると味に影響するのだろうが、悪い影響ばかりなのだろうか。

スティーブ・アールは2000年に入ってから安定的にヒットを出すようになり、今年も〝Guy〟というアルバムで全米トップ10のチャート入りを果たしている。またニューヨーク州で音楽塾を年に一回開催しており、ソングライターを志す後輩の指導にあたっている。

絶望を歌う〝Copperhead Road〟人気は、リリースして30年たってもすたれることはなく、ウイスキーと同様、地元の町おこしに一役買うようになっている。

ボヘミアンが切り開く音楽フロンティア

過去を引きずらなかったフレディ

過去300年間、人口は工業化と共に農村から都市部に、旧世界から新天地に移動した。長引く不景気から脱出してイギリスへ、アメリカへ、オーストラリアへ、カナダへ。場合によってはもう帰らない覚悟で。

移動の狭間からきらめく才能が花開いた。

フレディ・マーキュリーとジョニー・ロットンは、道なき道を行く覚悟で、大英帝国圏からロンドンに移り住んだ移民だ。彼らの下積み時代は長くなく（下積み時代が終わらないのが普通）、レコードデビューしてから10年も経たないでスターの座に駆け上がった。こういった点は共通しているが、他は光と影のように対照的だ。

フレディ・マーキュリー・オフィシャルサイトによると、クイーンのボーカル、フレディは1946年、アフリカの現タンザニア領ザンジバル島のストーン・タウンに生まれた。サイトはフレディの友人、フィービー・フリーストーンが運営する。

ザンジバル島はスパイスと奴隷の貿易で栄え、中央アフリカ、イスラム、インド、そしてイギリスの影響を受けた多文化共存の港町だ。19世紀はヨーロッパ、アフリカ、インドの中継地で、当時の商社は島に拠点を構えていた。

石造りの建物が並ぶストーン・タウンはユネスコ世界遺産に登録された景勝地で、ビーチ・リゾートとしても知られている。

フレディ・マーキュリーの本名はファルーク・バルサラ。両親はインドのグジャラート州出身。妹が1人いる。フレディの両親は彼をインドの寄宿舎付き学校に入れる。ザンジバルでの教育の機会は限定されていたのであろう。

ザンジバル島はイギリスの保護下にあったが、１９６０年代にイスラム系住人を中心に独立運動が勃発した。フレディが16～17歳の時だった。１９６３年に独立を宣言。フレディ一家は動乱を逃れて１９６４年にイギリスに移住する。過酷な経験をしたという想像に難くない。

ファッションを学ぶ学生時代にブライアン・メイ、ロジャー・テイラーと知り合い、クイーンを結成する。

現在、ザンジバル島はタンザニア自治区だ。

タンザニアは地下資源に恵まれており、金とダイヤモンドが主要な外貨獲得手段だ。年間50トンほどの金を生産しており、タンザニアの輸出額の2割強を占める。金山開発にはカナダの資源メジャーが深く関わってきた。

ザンジバル島に金山はないが、ザンジバルと言えば金だ。昔、タンザニア半島全体がザンジバルと呼ばれていて、島に古い呼び名が残ったのだ。

ザンジバル・ゴールドという金とレアメタルの探鉱会社がある。カナダ証券取引所に上場していて、タンザニア本土では金を探し、そしてカナダでは次世代蓄電池の材料として有望視されているバナジウムの探査活動をしている。アメリカのネバダ州にはザンジバル金山と呼ばれる地帯がある。ロイヤル・スタンダード・ミネラルズという炭鉱会社が金の探査を行っていたが、まとまった埋蔵が確認できないのか生産にはいたっていない。

フレディが書いた名曲、「ボヘミアン・ラプソディ」にはさすらいという意味がある。ボヘミアンはどこに行ってもアウトサイダー。はみ出し者だ。ミュージシャンはよくインタビューで、「原点に帰る」と言っているが、ボヘミアンは帰る原点がない。

ザンジバル、インド、イギリスをさすらったフレディの体験が「ボヘミアン・ラプソディ」を形成したと解釈したくなるが、フレディは過去のトラウマや栄光に引きずられることはなかったようだ。

フレディがつくった曲にはザンジバル的な、あるいはインド的な要素はない。というか、フレディの書いたどの曲からも全く彼のルーツが垣間見えない。

フィービーを始めとするフレディを知る人によると、彼の原点は、今を精一杯楽しむことにあったらしい。

「音楽で世界を変えようなんて考えていない、音楽に特に深い意味はなく、現代社会に消費されるためにある」と言っている（フレディのオフィシャルサイトより）。

フレディがイギリスに渡ってから約5年後に、アイルランドからジョン・ライドンという若者が単身でロンドンに移り住んだ。のちにジョニー・ロットン（英語で腐ったという意味）と名乗る。いつも辛くて毎日が最悪という心境を歌い続けるジョニー、陽気なフレディと好対称だ。

ジョニー・ロットンの自叙伝"Rotten : No Irish, No Blacks, No Dogs"によると、彼の生まれはアイルランド。彼の親戚にはアマチュア・ミュージシャンが多く、音楽好きに囲まれて育った。5歳の時に母親が亡くなる。働くために12歳で運転免許を取得した。１９７０年頃、14歳の時にロンドンに移り住んだ。音楽の道に入る前は、石油会社でクレーン運転手などの仕事をしていた。１９７５年にセックス・ピストルズのボーカルになる。王制をファシストと糾弾して放送禁止になった「ゴッド・セイブ・ザ・クイーン」を書く。セックス・ピストルズ解散後はパブリック・イメージ・リミテッドというバンドを率い、おもしろいことを言い続ける。

イギリスのBBC放送のサイトによると、1977年の10月にクイーンとセックス・ピストルズはたまたま同じロンドンのスタジオでレコーディングをしていて、はち合わせてしまった。水と油のようなアーティストたちは、皮肉タップリの応酬を交わしたという。

フレディやジョニーのように経済、政治的理由でイギリスに移住したアーティストは、戦後になると減る傾向にあった。音楽キャリアを磨くためにイギリスに生活拠点を移したアーティストは増えた。アメリカからはギタリストのジミ・ヘンドリックス、ギタリスト兼ボーカルのクリス・ヒンズが、南アフリカからはイエスの元ギタリスト、トレバー・ラビンがイギリスに渡った。

イギリス統計局によると、1964年はイギリスに移住を決めた人より、イギリスを去った人の方が多く、その状況は1980年代まで続く。イギリスは元植民地と東ヨーロッパからの移民の受け皿であり続けたが、世界経済の牽引役は19世紀後半からイギリスからアメリカに移った。

アメリカは19世紀に大開拓時代を経験し、鉱山を開き、工場を建て、大陸を横断する鉄道網を築いた。20世紀に入って自動車産業が立ち上がる。

アメリカで自動車メーカーを起業したヘンリー・フォードは、1914年に労働力確保のためにデトロイトの工場の最低日当賃金を当時の二倍の水準の5ドルに上げた。ドイツやイギリスで熟練技術者の募集をかけた。フォード社で職を得るため、ヨーロッパから、アメリカ南部の農村地帯からデトロイトに人口が移動した。ニューヨーク、シカゴに匹敵する移民都市になった。

マドンナの家族史は、アメリカの産業史である。マドンナの祖父母は戦前にイタリアからピッツバーグに渡り、祖父は製鉄所で職を得た。当時のアメリカの製鉄所は高まる需要に対応するために、工程の自動化に取り組んでいた。また鉄の使い道は鉄道から自動車にシフトしていき、製品も鉄棒から薄板に比重が移っていく。

マドンナの父親は自動車メーカー、クライスラーに勤めていた。マドンナが育ったデトロイト郊外は1970年代こそは自動車都市として世界に君臨していたが、21世紀には時代が変わり、廃墟の都市となった。

民族移動で開かれる新局地

アメリカやイギリスの都市では移民が民族ごとにゲットーというコミュニティーを形成した。壁には落書き、道路には生活ゴミが散乱し、治安もよくない都市の暗部だ。現在はイスラム系の移民や難民が多く住んでいる。

エルビス・プレスリーがゲットー人生を歌った。1969年リリースの“In the Ghetto”だ。貧乏な男が悪の道を行き、殺され、また一人、貧乏な男が同じサイクルを辿る、という歌だ。

しかし、エスニック・コミュニティーは貧困層の受け入れだけではない。建設的な役割も果たしている。移民の受け入れは経済効果を生む。移民による移民のための起業、本国からの観光客のおもてなしビジネス。そして移民の心のよりどころになる音楽、食べ物、ライフスタイル、娯楽の提供。文化的ニーズにはそのコミュニティーが対応するしかない。

ごく一部の地域でしか歌われていない移民の歌が、ロックのヒット曲に化けて大衆化したという実例はある。

アラン・ローマックスという民俗学者が1930年代にケンタッキー州で録音した伝承フォーク“The House of Rising Sun”をアニマルズというバンドのメンバーが聴き、ロック曲としてアレンジした。ボブ・ディランもカバーした。

ローマックスの研究によると、この歌はイギリスやアイルランドで歌われていて、移民によりアメリカ南部に伝わった。歌詞は時代と土地柄を反映して変化した。それをロック化したアニマルズはイギリスのバンドだ。北部の炭鉱港町、ニューカッスルで結成された。

エスニック・コミュニティー社会にはタブーというものはあるが、全く無関係な人が掟を破って表現を広げることもある。アメリカ社会では、フォークは左翼思想と関連づけられたり、アフリカ系黒人の音楽スタイルを真似ると色眼鏡で見られたりすることがあったが、イギリス系のミュージシャンは頓着しなかった。逆もあったであろう。ローマックスが働いていたアメリカ議会図書館の記録では、彼は共産主義のシンパという疑いがもたれ、ＦＢＩに監視されていたとのことだ。

伝統音楽からインスピレーションを授かった有名な事例はレッド・ツェッペリン。レッド・ツェッペリンのボーカリスト、ロバート・プラントの自叙伝によると、彼はウエールズやアイルランドのケルト民謡に影響されたという。レッド・ツェッペリンの代表曲、「天国への階段」のコード編成が、ケルト音楽を彷彿させるという指摘も多くされている。

スティングは、“Canary in a Coalmine”という炭鉱にまつわる曲をレゲエ調で書いている。リリースは１９８０年で、リズムとコード編成が単調なパンク、ズンジャカ、ズンジャカというレゲエのビート、そしてポリス特有の美しい男性コーラスがミックスした明るいレゲエ・パンクだ。

移民の音楽文化への貢献は主に二つのパターンがある。

移民先で、自分のルーツを確かめるかのように伝統の歌、踊り、祭り、風習を生活に刻み込んでいくのだ。本国の人々より伝統を頑なに守り抜くという意識が強い。

もう一つはフレディ・マーキュリーのように、自分のルーツにこだわらないでマイウエイで時代に合った音楽を生み、昇華していく歩みだ。

自分のルーツを見つめ続けてきたミュージシャンは南アメリカからアメリカに移民したカルロス・サンタナ、グロリア・エステファン等が挙げられる。

自分のルーツを全く顧みないミュージシャンもいる。両親がミュージシャンだったため、自然な流れでいつの間にか音楽をやっていた。父や母が音楽で飯を食べていて、自然に兄弟でバンドを始める。才能があり、努力もし、しかも自分の趣味に走りすぎないで市場原理を受け入れる冷静さを持ち合わせている。これらがかみ合って出世コースに乗っていった。

アメリカの爆音ロックの父と言われるヴァン・ヘイレン兄弟は、ミュージシャンだったオランダ人の父とインドネシア人の母に連れられて1962年にアメリカに移住した。オーストラリア在住のビージーズ、INXSやAC/DCも兄弟バンドだ。

アメリカの国勢調査によると、外国生まれのアメリカ人の数は1000万人だった1900年から2000年には2800万人と、ほぼ3倍に増えた。20世紀初頭では西ヨーロッパ出身者が移民の7割近くを占めていて、南アメリカは1%だったが、2000年では半数が南アメリカ出身で西ヨーロッパは7%に縮小する。

南米からの移民はラテン・ロックやラテン・ポップという新しい境地を開いた。長寿バンド、サンタナのリーダー、カルロス・サンタナはメキシコからの移民だった。キューバ出身のグロリア・エステファンは、父親が反カストロ政治家の側近だったため、アメリカに逃れてきた。夫のエミリオもキューバからの移民だ。

アメリカのフロリダ州で病死したボブ・マーリーを、ジャマイカからの移民と捉えるべきか、定かではないが、彼なしにレゲエのリズムは世界に広まらなかった。

ボブ・マーリーの母親はアメリカ人と結婚しているが、ボブ自身はジャマイカ国籍のままだとのことだ。

音楽界の黒子には中東出身者が散見される。

ビージーズのプロデューサーのアリフ・マーディンはトルコ出身。ライト・ミレニウムというサイトによると、ヒットに恵まれず、悩んでいたギブ兄弟に高音ファルセットを提案して、ディスコ路線に転換させたのはマーディンだったそうだ。

(https://www.lightmillennium.org/summer_fall_01/mdede_arifmardin.html)

マーディンはアトランティック・レコーズに所属していた。フィル・コリンズ、ダイアナ・ロス、ロバータ・フラックなどを育てたアトランティック・レコーズの設立者は同じくトルコ出身のネスヒ・アーディガンという人物だった。

オーストラリア、カナダへ分散

戦前は世界一の経済大国としての地位を固めていたアメリカに移民が殺到したが、1954年より、アメリカ政府は中南米からの不法移民の取締り強化を始めた。また労働人口の逼迫に悩まされたオーストラリアやカナダは移民獲得に乗り出すようになる。移民先はアメリカ、イギリスから他の英語圏に分散し、オーストラリアやカナダから世界的ロックスターが誕生する。

ただ、オーストラリアとカナダは、アメリカに匹敵する工業生産拡大と大量消費社会の大躍進は持ち合わせてなかった。オーストラリアとカナダの経済見通しが、少し前のアメリカのように、誰の目にも明るいわけではなかった。

最初からオーストラリアやカナダを目指していたわけではない。アメリカに行きたかったが、カナダのブリティッシュ・コロンビア州やノヴァスコシア州の炭鉱でいい仕事があるという話を聞き、目的地を変えた人々は少なくなかった。アメリカの農村から工業地帯に移動したもの、貧困と差別に耐えられずカナダに向かった人々もいた。非白人に多かったそうだ。

1840年代に金鉱が発見されたオーストラリアでは、労働力が慢性的に不足しており、賃金水準はうなぎ登り。それに釣られてヨーロッパから海を越えて移民がやってきた。スコットランドの熟練した炭鉱夫がごそっとオーストラリアの炭鉱に集団転職することもあったそうだ。

戦後のオーストラリアは人口増加政策の一環として、英語圏からの移民に門戸を開けていた。雇用の受け皿は水力発電所の建設現場等だった。

1960年代は移民の多くは航空機ではなく、まだ船で渡航したが、オーストラリア政府が渡航費用を一部負担した。到着してからの一時的住居も提供された。この制度を利用して、AC／DCのヤング兄弟がスコットランドからシドニーに移住したのだ。渡航費用の補助との引き換えに、移民は最低2年間、オーストラリアで働かなければならない。ヤング兄弟はロックバンドを結成し、そこが就職先になった。

1974年から1980年に死去するまで、AC／DCのボーカルだったボン・スコットもスコットランドからの移民だ。

ビージーズのバリーそして双子のロビンとモーリス・ギブ兄弟はミュージシャンだった父親について、イギリスのリゾート地のマン島、マンチェスター市、オーストラリアを転々とし、そして音楽キャリアを追求してアメリカに渡った。現在バリーはオーストラリアに住んでいる。

オリビア・ニュートン・ジョンもギブ兄弟と同様にイギリスからオーストラリアに渡った。しかしオリビアは貧しくて、音楽で成り上がってきたという典型的なロックンロール・ボヘミアンとは少し違う。大学教授であった父親の転勤で、子供の頃にオーストラリアに渡った。オリビアの祖父は１９５４年にノーベル物理学賞を受賞したマックス・ボーンだ。

共産党の政治的迫害といった政治的理由で東ヨーロッパなど旧ソ連圏から西側にきた例もある。

カナダのプログレッシブ・ロック・バンド、ラッシュのギタリスト、アレックス・ライフソンは旧ソ連圏の政治的動乱から逃れるため、両親がセルビアから移民した。

なお、鉱山大国南アフリカは、アメリカとオーストラリアと同様、19世紀の金鉱山ブームに沸いたが、ヨーロッパからの移民は限定的だった。マンガン、クロムといった製鉄原料やプラチナを牛耳るこの資源大国の労働力は、マラウイ、ボツワナといった近隣諸国、インドや中国から連れてこられた奴隷でまかなっていた。

海外を舞台にした南アフリカ出身のミュージシャンはまだ少ない。イギリスで活躍したイエスの元ギタリスト、トレバー・ラビンが２０１７年に南アフリカ史上初めてロックの殿堂入りしたミュージシャンだ。

日本に移住したワールド・クラスのアーティストは元メガデスのギタリストのマーティ・フリードマン。ヘビメタと歌謡曲のフュージョンを産み出している。

「ボヘミアン・ラプソディ」新解釈

エコな「ボヘミアン・ラプソディ」

2026年5月に再資源化事業等高度化法という新しい法律が施行され、資源をリサイクルして付加価値を最大化することが事業者に求められることになった。音楽界ではコンテンツのリサイクル、リユーズ（再利用）はリバイバルとか言ってやってきたことだ。ロックにはクラシック音楽からステージ上の殴り合いまで、何でもありの懐の深さがあったが、パンクから進化したと言われるラップはさらに過激になった。メジャー・デビューしたバンドの多くは会社を興して著作権を管理したが、ラップ・ミュージシャンは著作権法上ダメとされるパクリを堂々とやってのけた。1979年リリースのシックの「グッド・タイムス」はクイーンのヒット曲、「地獄へ道づれ」の源泉となったが、ラップグループ、シュガーヒル・ギャングはこの曲を丸々パクった。ランDMCはエアロスミスの1970年代のヒット作、「ウォーク・ディス・ウェイ」をラップ化する。ラップ版ビデオの作成にはエアロスミスのメンバーが参加し、彼らに出演料が支払われたので、これはパクリではないが。いつのまにかパクリはサンプリングと言われるようになった。

中小企業の技術の権利化を進めていている政府としては、サンプリングがビジネスの世界で横行してはたまったものではない。あまり知られていないが、大企業が中小企業の技術を勝手にサンプリングしている状況を是正しようと、公正取引委員会は考えている。コンテンツ業界の慣習は、日本の実経済の成長に資する再資源化にはふさわしくないのか。いやいや、素晴らしいロールモデルはあって、それは映画、「ボヘミアン・ラプソディ」だ。大ブームになった。ロックを聴かない人も映画館に足を運び、フレディ・マーキュリーが大好きになった。歴史教育効果も大きかった。なにしろ映画を観るまで、私は「ウィー・ウイル・ロック・ユー」はヴァン・ヘイレンの曲だと思っていたのだ。経済産業省は「ボヘミアン・ラプソディ」を研究し、評価結果を踏まえて再資源化事業等高度化法の施行ガイドラインを作成すべきだ。私の案だが、
① 公平性を重んじ、再資源化等は全ての世代を対象とすること。
② わかりやすいストーリー等を示し、幅広い層への波及を後押しすること。
③ 長期的な戦略に基づいたTシャツ等のグッズ販売等を通じて事業等を最適化すること。
（わかりにくくてごめんなさい。お役所文書では、逃げ道をつくるため、名詞の後には必ずといっていいほど「等」が入る）

エアロスミスは「ウォーク・ディス・ウェイ」のリメイク後、映画アルマゲドンの主題歌をヒットさせた。だから再資源化事業等高度化法の主旨に従って行動をしているとは言いがたい。が、クイーンは新しいヒットを出さなくても「ボヘミアン」効果でツアー、コンサート録画の映画化そして物品販売で大成功を収め続けている。そして楽曲、「ボヘミアン・ラプソディ」も資源リサイクル事業者の実態を反映していると思う。経済産業省には今後の政策の方向性を定めるのに役立ててほしい。資源リサイクル業者が扱う屑（スクラップ）は、分ければ資源、その他は行き場のないボヘミアンなゴミだ。

「ボヘミアン・ラプソディ」は資源リサイクルのテーマソング。フレディ・マーキュリーはそんなつもりでこの曲を書いたわけではないので、この解釈に大仰天するだろう。これはあくまでも私の妄想です。誤解を生じさせない為に、あえて歌詞は掲載しないで解説します。

ボヘミアンなリサイクル業界事情

「これは現実か夢か……現実から逃れられない」

賛美歌のようなアカペラ合唱で始まる曲は絶望を唄う。２０１８年、全世界のリサイクル業者が絶望のどん底にあった。中国政府は産業廃棄物の輸入禁止措置を発動し、国際的スクラップ資源の取引価格が大暴落した。中国はアルミスクラップだけでも毎月10万トン単位で輸入する世界最大のスクラップ消費国だったのである。アメリカをはじめとする資源循環システムが確立している先進国から鉄、アルミ、銅、廃プラスチック、使用済み電池などといったスクラップ資源を輸入していた。環境美化が輸入規制の根拠だった。

「ちょっと高くなったり低くなったり」

東南アジア諸国も廃棄物輸入規制を強化する構えを見せた。スクラップは再溶解されて日用品、機械部品に生まれ変わるが、原料を購買するリサイクル合金メーカーは悩む。今仕入れるべきか、もう少し待つべきか。相場は上下に小刻みに揺れる。政府の対応も二転三転する。例えばベトナムではスクラップは資源という考えが浸透しており、スクラップの輸出が規制されていた。それがスクラップはゴミで輸入してはいけないと言っている。どっちの方向に行くのか。アジア中の合金メーカーは頭を抱えてしまった。

「はじまったばかりの僕の人生、棒に振ってしまうかも」

アメリカなどから輸入したスクラップを港で放棄する事象がアジア各国で見られた。所有者と見なされれば逮捕されるからである。とても他人事とは思えない。政府の方々にはこの部分の歌詞をじっくり聴き、感じ入ってほしい。日本では蓄電池が特定重要物資となり、原料のニッケル、コバルトとリチウムのリサイクルを後押しすると経産省は言っている。使用済み電池から、環境への負荷を最小限にしてレア・メタルをほぼ完全な形で抽出するには莫大な開発コストがかかる。国内価格指標がないから、価格設定は国際相場に準じるしかないのだ。２０２４年に入って国際商品相場は軟調で、せっかく回収したレア・メタルの採算が取れなくなる恐れがある。

「ママ、泣かないでね」

資源業界では、鉱石を原料とする金属を「新地金」もしくは「親」と呼ぶ。スクラップは「息子」だ。スクラップの供給が膨大に増えたことにより、「息子」の値段が暴落、そして新地金を買わないで安価なスクラップを買う需要家が出てきた。その結果、「親」の値段も崩れる。スクラップの需給が「親」相場に波及する事象を、業界では「親不孝相場」と言う。

中国に変わってインドが世界一のスクラップ輸入国に成り上がるが、ここでも一騒動があった。インドの「親」たちが親不孝相場を警戒して、スクラップ輸入禁止措置を政権に働きかけるのである。

レバノンのスクラップ業者

2018年に私はレバノンを訪れた。戦争はスクラップを大量に発生させる。トルコはヨーロッパに大量の鉄スクラップを輸出しているが、中東の戦地が「安定」した供給元になっていると聞き及んでいた。その回収現場を見てこようと思ったのである。確かに軍事紛争や災害はスクラップを発生させる。東日本大震災後、我が国でも大量のスクラップが発生した。そして放射能汚染を警戒して、日本からのスクラップ輸入を禁じる国も出てきた。このように、発生したスクラップはそのまま市場に流通するのではない。紛争地では地雷や他の危険なものがスクラップ類に混じっているだろうし、誰がどうやって除去するのだろうか。回収コストは。採算は取れるのか。こういった漠然とした疑問があった。かといって、紛争取材経験がないし、コネなし状態で戦火に飛び込んでいく度胸はない。でもレバノンでは市街戦は終わっているし、首都ベイルートでは再開発が進んでいると聞く。

古いビルの解体工事現場に、トラックで乗り付けた回収業者がたくさんいて、ある人は鉄の欠片をひたすら無言で、若い者はおしゃべりしながら作業を進めている。ちょっとした立ち話に応じてくれるかも。そんなイメージを抱いていた。とんでもない平和ボケだった。

壊れたビルはいたるところにある。ビルの半分は半倒壊している。空き地にはガラクタが山積みになっている。地震直後の被災地のようだ。しかし人の姿がない。廃墟ビルには軍の秘密偵察基地があって、簡単に足を踏み入れられないそうだ。私も撃たれはしなかったが、空き地をうろうろしていたところ、銃を持った軍服姿のお兄さんが突然視界に現れ、怒鳴られた。見せるための、威嚇のための軍事訓練は過去に見てきたが、見られては困る実践行動は初めてだった。

一見平和そうだったレバノンは、イスラエルと戦争状態にあったのだ。人とモノの移動には制約があった。この国には公共交通機関がない。自治体間の移動には軍の許可が必要だった。

スクラップ回収の現場は早朝の都市部で散見された。公園とか再開発用地で、生活ゴミや工事業者が投棄した廃棄物を老若男女が選別していた。多くはパレスチナやシリアからの難民だそうだ。彼らは鉄筋や鉄板を集めていて、アルミ缶は拾わなかった。国際市場では、アルミ缶屑が鉄より高値で取引されていることは知らないのか。南太平洋の島、キリバスではアルミ缶屑は現金と同等の扱いだった。レバノンには国際スクラップ市場と全くリンクしない国内市場があるのだろうか。おそらくそうだろう。ベイルートの住宅街には、ガレージ営業の鍛冶屋があって、鉄屑を椅子、鍋などの日用品につくりかえていた。アルミは溶解後の加工が難しく、ガレージでは扱えない。

国際市場向けの鉄スクラップは、シドンという港から燃料補給船のような小さな船でイスタンブールなどに輸送される。2018年当時、湾岸諸国はビル建設ラッシュに沸いていて、鉄スクラップはいくらあっても足りなかった。ただ見たところ、レバノン・スクラップは選別が徹底されておらず、錆びて状態の悪いモノも多かった。品質は良いとは言えない。高値はつかないだろう。それもあるのだろうか。イスラエル国境に近いパレスチナ難民キャンプではスクラップ回収、販売は地場産業のようになっているけれども、優先的に回収されるのは廃タイヤだとのことだった。

中東や東欧では、日本や韓国の中古車が走っている。ロシアのウラジオストクでは三菱自動車のパジェロを多く見た。レバノンでは日本の産業廃棄物業者の社名入りの小型トラックが活躍していた。シリア・ナンバーの中古車も見た。レバノンでは新車は普通に購入できるが、隣のシリアでは一般市民の購入は難しいらしい。レバノンはシリアの領土だった。ベイルートとダマスカスまでは車で3時間。ダマスカスの物価は安いので、レバノン人は日用品の買い出しに行き、シリアからはお洒落さんたちが先端ファッションを求めて週末にやってくる。車は修理に修理を重ねて極限まで乗るそうだ。大切な財産だ。先進国のように、空き地に乗り捨てられた車なんて見なかった。どうにも走らなくなった車は丁寧に解体され、部品はピッカピッカに磨かれて再販される。

初期のクイーンは、ＤＩＹバンドだった。ブライアン・メイは家の廃材でエレキギター、「レッド・スペシャル」を手造りし、ジョン・ディーコンが使用済み電化製品を改造、アンプをつくった。フレディとロジャー・テイラーは古着ショップを営んでいた。

偉い！　ＳＤＧｓのお手本じゃないですか！

エシカル消費の風を吹かせよう

楽曲「ボヘミアン」の完成が見えてきた頃、フレディはどのような心境にあったのだろうか。最後の歌詞は、これでいいのかと言いたくなるほど、投げやりっぽいけど。

「どうでもいいよ、どうにでもなれ……」

地球に優しい循環経済を目指して政府は法律をつくり、制度を立ち上げ、事業者も新規事業に投資した。でもうまく回っていかない。消費者の理解がないのである。値段が高くても環境に配慮した製品を買う、神のような消費行動ってまだまだ日本では根付いていない。グリーン成長戦略に社運をかけている小売り業者はフラストの固まりだ。

どうすれば消費者行動は変わるのか。サステナ関係者が集まると必ずそういう話になる。クイーンにボヘミアンにお力添えをいただけないか。抜群の知名度と好感度を活かして、おもしろいエシカル消費キャンペーンが展開できるかも。

リチウム電池とロック

脱炭素社会のエネルギー源として期待されるのがリチウムイオン電池だ。

リチウムは金属の中では最も軽く、最も熱容量が高い。従い、携帯用電子機器や自動車の電池に使われている。医薬品、潤滑油、ガラスやセラミックにも使われる。

ロックシーンにデビューを飾ったのは1991年。ニルヴァーナというアメリカのバンドが「リチウム」という曲をリリースした。僕は精神的にすり切れているというメッセージだが、聴いているといや、あんた、やる気まんまんじゃないのと問いたくなる、不思議な曲だ。

リチウムは精神安定剤として処方される医薬品なので、躁鬱な気分を歌う曲に使われたのだろう。

リチウムを産業界の大スターに引き上げたリチウムイオン電池が商業化されたのは奇しくも、この曲がリリースされた年だった。

[illegible]カ地質調査所によると、１９９１年の世界のリチウム採掘量は６０００トン未満。それが２０１８年では８５０００トンだ。

ニルヴァーナはアルバムをヒットさせるが、ボーカルでソングライターのカート・コバーンは１９９４年に自殺をする。

「バックステージに戻り、電気が消えて聴衆のとりつかれたような喝采が起こる時、フレディ・マーキュリーは群衆からの愛や崇拝を楽しみ、そういう彼を心から尊敬するが、私はそうなれない」

遺書にはこうあった。

ニルヴァーナは解散。１９８７年結成のグランジ・ロックの旗手は短命に終わった。

リチウムの最大生産国はオーストラリアであり、中でも西オーストラリア州にリチウム鉱山は集中している。

鉱山会社の本社機能はパース市に置かれており、市を横断してフリーマントル港を結ぶカニング高速道路沿いには連絡事務所が点在している。フリーマントル港から輸出向けリチウム鉱石や半製品が出荷されるのだ。

カニング高速もロック史に刻まれた。

１９７９年リリースのＡＣ／ＤＣの“Highway to Hell”という曲はカニング高速をモデ

ルにしているらしい。

アメリカのポップス曲データベース、Songfactsによるとボーカルのボン・スコットはフリーマントル港近くに住んでおり、カニング高速の終着点にあったロック・バーの常連だった。バーは急な坂を下りたところにあり、事故が多発したそうなのだ。

曲に共同クレジットされているヤング兄弟は、アメリカの過酷なツアーが曲のきっかけと言っている。それもあったのだろう。

3人が集まった偶然から、あるいは自然発生的にできちゃった曲なのかもしれない。

オーストラリアの保険会社、AAMIが国内の交通事故を分析して、事故多発地域のランキングを発表している。

"Highway to Hell"がリリースされた40年後もカニング高速は依然として危険水準が高く、2018年の交通事故件数はパース市でトップだった。

ボンは1980年にロンドンで死去する。死因は飲酒と公表された。

ニルヴァーナもボン・スコットも慌ただしく去って行った。

ボン・スコットのたった六年の音楽活動の功績を称えて、パース市のフィッシャーマン[illegible]られた。

ニッケルとロック

リチウムイオン電池にはニッケル、コバルト、黒鉛も使われており、これらも西オーストラリア州で生産されている。その中で量と金額が大きいのはニッケル。州の真ん中のマウントキースに資源メジャー・BHPのニッケル鉱山がある。ニッケルもフリーマントル港から出荷される。

フリーマントル港の年間貨物取扱量は3500万トン。リチウムやニッケルは石炭などと違って重量は大きくないため、港の取扱量の増加にはそれほど寄与しない。

ニッケルは白っぽい輝きの、高い融点を特徴とする金属だ。鉄の強度や耐食性を強化するために添加される。

オーストラリアは年間25万トンほどのニッケルを生産していて、世界シェアは約一割。ニッケルが使われている身近なものでは、高級ステンレス鍋、50円、100円、500円硬貨、ニッカド蓄電池。ニッカドはニッケルカドミウムの略だ。それほど身近ではないものでは、国家が称える栄誉の表彰アイテムだ。

2018年にオーストラリア政府が、AC／DC結成45周年を記念して、記念硬貨を発行した。5ドルと50セントのニッケル・銀合金硬貨だ。AC／DCの稲妻マークが彫られている。

電気あってのロック

ＡＣ／ＤＣは電流のＡＣとＤＣだ。トレードマークは稲妻だ。電流にバンドのアイデンティティーを委ねたＡＣ／ＤＣはロックミュージックの本質的なことを見極めているのではないかと思う。

１９７５年リリースの最初のアルバムは“High Voltage”（高ボルト）だった。１９７８年に出したアルバムは“Powerage”（電力 power と激情 rage を合わせた造語）。

電気の力なしにはロックはありえないのだ。

アメリカのギターメーカー、The National Guitars のサイトによると、１９２０年代、ミュージシャンは音響環境が悪いテントで演奏することが多かった。木製ギターより数倍音が大きい楽器の需要が生まれたとのことだ。

(http://vintagenationals.net/admin/history.html)

木製のボディーを金属化することによって音量を大きくする方法は、戦前からとられていた。スティール・ギターという楽器が開発された。建物を揺らすほどの音量にはならなかったけど。ハワイアンやカントリーで用いられた。またイギリスのバンド、ダイアー・

ストレイツの1985年のアルバムジャケットになった。

電気を使って音量を増やす試みも戦前から進んでいた。最初はアコースティック・ギターの弦の下に小型マイクをつけていた。その形が改良されて、ケーブルでギターをアンプにつなぎ、電流を流して爆音を出すという今日のエレキに発展する。

大恐慌のまっただ中にアメリカのエンタープレナーが新しいギターの開発に挑んでいた。1931年にエレキを最初に商品化したのはアメリカのエレクトロ・ストリングという会社だった。フライパンのような形だったのでフライパンと呼ばれていたが、正式な商品名はリッケンバッカーだった。アドルフ・リッケンバッカーという人物が金属工房を経営しており、ギターのボディーを鋳造したからだ。リッケンバッカーは後に会社の名前となり、ビートルズが採用した楽器メーカーとして有名になる。

ボブ・ディランが使ったフェンダーという大所はレオ・フェンダーというサクソフォン奏者が始めた。フェンダー社のサイトによると創業者は電子工学が好きで、趣味の機械いじりの延長線でエレキを作り始めた。趣味が本業になったきっかけは大恐慌。会計士の職を失い、趣味で食べていくことになった。

リッケンバッカーは1935年にベークライトという樹脂をボディーに採用したバージョンを出した。ノイズを少なくする工夫を重ね、利用者は徐々に増えていった。

ヘビーメタルのバンドはどういう金属を使っているのかという質問を受けることが多い。エレキは金属でできていると思っている人もいるようだ。あのメタリックな音は、金属製の弦の振動の響きで、エレキのボディーが金属でできているわけではない。

１９６７年にアメリカのモントレー・ポップ・フェスでジミ・ヘンドリックスが演奏中に自分のエレキに火をつけ、イギリスのクラッシュはエレキをたたき壊している写真をアルバムカバーにした。金属製のエレキは燃えないし、壊れにくい。

金属は電気を通す。金属の装飾をほどこした服を着た時は、電気ケーブルが裸になっていないよう気をつけよう。１９７６年にイギリスのヤードバーズのキース・レルフがギターで感電死した。

エレキは瞬く間に若者に普及し、ロックのヒーローになった。

ニッケルも少しばかり便乗させてもらった。

エレキのギターの弦は、鉄のワイヤーにニッケルをメッキしたものである。後者が安価で一般的である。メッキのない鉄、純ニッケルや金メッキの弦といったバリエーションもある。

エンジンの異音が生んだ“Jive Talking”

エンジン音からインスピレーション

映画「サタデー・ナイト・フィーバー」のサウンドトラックで一世を風靡したビージーズ。

さわやかな青年合唱団から大人のサウンドに脱皮した新生ビージーズの転換点は、1975年の“Jive Talking”という曲だった。以降、ディスコサウンドの王道を突っ走る。

“Jive Talking”はバリーのギターが奏でるチャカチャカという金属製の音のイントロ、モーリスのベースのドンドンドン、そしてノリノリのボーカル“Jive Talking”で口火を切る。

この曲の発想の源泉は、自動車の走行装置部品だった。最初はドライブしながら踊りたくなるわくわく感を歌っていたらしい。

2009年11月1日“On Sunday”という英国の新聞に掲載されたロビン・ギブのインタビュー記事によると、マイアミのスタジオに向かう車の中で、チュンカチュンカチュンカという音がしてきて、そこからインスピレーションを得たとのこと。

チュンカチュンカチュンカは、異音ではないか。普通の人は、そこで運転を止めませんか。

「曲のタイトルは決まっていましたが、メロディーを考えたのはバリーとモーリスと私で、マイアミにあるスタジオに向かう車の中。車のホイールの上の方で奏でられるリズミカルな音が曲の方向をきめました。その日スタジオで曲は完成しました」

（https://www.songfacts.com/facts/bee-gees/jive-talkin より）

ギブ兄弟が乗っていたガソリン車は、部品間の摩擦で金属パーツが摩耗していたのかもしれない。

曲を決定づけた音について、ビージーズのサイトに質問状を送ったら、返信がきた。

車の音がインスピレーションの源泉であったことは事実。しかし、これは車の不具合を告げる異音ではなくて、普通の車の音（エンジン音？）だったとのことだ。

しかし、エンジン音から音楽のインスピレーションを得るなんて、よっぽど快適な音だったのか、よっぽどの車好きだろう。

オークション会社、クラシック・カー・オークションのサイトによると、バリーは19

７７年に発売されたメルセデスの４５０ＳＥＬというモデルを購入した。“Jive Talking”でブレイクしてからだ。この車に30年乗ったそうだ。２０１８年に、イギリスのオークションに出品された。

同モデルは日本の中古車ディーラーで扱いがあって、ネットで見たら４５０万円という値段がついていた。

異音を出していた車の運命はわからない。そんなことはどうでもいいのかもしれない。ギブ兄弟は事故に遭わなかった。本当によかった！

21世紀の車はチュンカチュンカチュンカという音を出すだろうか。

もしアルミのサスペンションを搭載した燃費のいい車に乗っていたら、ツンクツンクツンクツンクという音が聞こえてくるのでは。

石油系以外の燃料で走る輸送機器は軽さと強度を持ち合わせる炭素繊維が多用されるようになる。炭素繊維の塊とも言われる、ボーイング社の最新型ドリームライナーの機上で聞いた炭素繊維音は、カタカタカタカタだった。

１９７０年代の自動車時代

１９７０年代のアメリカの自動車産業は黄金時代を迎えていた。クライスラー、ＧＭ、フォードが世界市場を牛耳っていた。

車の中でロックを聴くことも増えた。車はライフスタイルを象徴し、ロック曲のテーマになり、車（The Cars）という名前のバンドさえもできてしまった。

イーグルスの曲には車がよく登場する。1976年の「ホテル・カリフォルニア」は車をハイウエイで走らせていたら、ホテルがあったという歌詞で始まる。同じく1976年の"Life in the fast lane"（「駆け足の人生」）は1970年代の車づくりを象徴するようだ。


車はデザイン重視で、いくらでもつくって、いくらでも売る。ドライバーは思いっきりガソリンを燃やしてぶっ飛ばす。オイルショックでガソリンの値段が上がっても、年間800万台以上の新車がアメリカで売れ続けていた。ドイツや日本からの輸入車が増える1980年代まで、アメリカの市場には限界というものが見えなかった。

1979年に、イギリスのゲイリー・ニューマンという若者が"Cars"というシングルをリリースした。ニューマンは、ロックバンドの主役の座に君臨していたギターを脇役に追いやり、ハイブリッド車のモーター音のようなシンセサイザーを主に置いた。バンドはシンセサイザー、ベースギター、ドラムとボーカルという編成だった。

イーグルスは車ですっ飛ばして逃避行した。ニューマンは車に引きこもった。ロックは転換点にあった。１９７０年にエレキ抜きのバンド、ＥＬＰが出現した。１９７８年のセックス・ピストルズ解散後はニューウエーブの時代に入って、音楽のスタイルはグラムロック等に細分化していく。その中でバンドマンはエレキ離れを始め、シンセサイザーへの依存を深めていった。シンセサイザー１台あればドラムも何もいらない。

アメリカでは１９７６年にザ・カーズというシンセサイザー・バンドが結成された。伝統的なロックバンドのようにリズム・ギター奏者はいたが、シンセサイザーの電子音のウェイトは、お飾りという次元にとどまっていなかった。ザ・カーズがつくったのは伝統ロックとテクノポップのハイブリッドだ。

少し前の１９７４年にドイツのクラフトワークが「アウトバーン」という曲をリリース。爆発的なヒットにはいたらなかったが、実験的な試みは玄人受けした。イントロに車のエンジン音を採用。楽器が主、ボーカルが従という位置づけ。楽器はシンセサイザーのみで、ギターはなかった。

エレキは長いソロ演奏を担当するロックの花形だった。

エレキのソロにバリエーションをつけようと、エレキに幅広い音を出すように改良するのと、ソロに他の楽器を使うというアプローチが考えられた。

アメリカのシカゴというバンドはエレキのポジションに金管楽器を用いた。1969年結成のシカゴはロック、ジャズ、ファンクとポップを融合させたサウンドを練り上げた。ジャズの主役、銅合金のサクソフォン、トランペット、トロンボーンをロック調、ファンク調、時にはポップス調の軽いノリのビートに乗せた。

「ロッキングオン」という音楽評論誌は1973年10月号でシカゴを軍艦マーチと評した。アメリカのアース・ウインド・アンド・ファイヤーには一時期、トランペット2人、サックスとトロンボーン各1人のブラス・セクションがあった。

シカゴはロックという定義を超越し、金管楽器の活躍の場を広げ、ブラスロックというジャンルも確立させたパイオニアである。しかし金管楽器音はなじみの深い音であり、パンチのある新鮮味はなかった。

それに比べてシンセサイザー電子音は全く新しく、これから変化していく時流に乗っていたと感じられたのだろう。

現在、エレキの販売は減少していき、ギブソン、ナショナルといった有名ブランドは経営不振に陥る。

音楽は無意識にも時代の先端を行っていたのだろうか。車のエンジンをロックのエレキと例えれば……。

軽量化のメガトレンド

最近の社会的トレンドは脱炭素アンド軽量化だ。この波に楽器も自動車メーカーもしっかり乗っているようだ。

スティール・ラップ・スライド・ギターというアコースティック・ギターがある。座ってギターを股に乗せて演奏する想定でつくられた。ラップはラップトップのラップ。スティール（鉄）は重い。

立って演奏する場合に、外板はスティールで内板はアルミ合金でできたライト・バージョンが開発されたそうだ。

それを聞いた時、私は飛び上がってしまった。

マジですか。

外は鉄、中はアルミ合金。まるでハイブリッド車のボディパネルではないか。

いや、まったく同じであるわけはない。それぞれの金属の役割が違う。

ギターは、常時演奏者の手の刺激と汗にさらされている。劣化から楽器を守らなければならない。

自動車のボディーは、ベタベタ触られないが、乗っている人の安全を守らなければいけない。

ブルーグラス・ミュージック用のギターにはレゾネータという金属部品が搭載されている。レゾネータにはニッケル系ステンレスが戦前から使われていたが、最近はより軽いアルミ製のものが出ている。ステンレスからアルミへ。車のシートベルトの金具みたいだ。

炭素繊維のギターが実用化された。軽く、手荒く扱っても傷がつかなく、持ち運びに便利であることが売りだ。ケースが不要になるかもしれない。

軽さと強度が買われて、日本の燃料電池車の燃料貯蔵部品に炭素繊維が採用された。

海外の民族音楽という領域でも、軽量化がトレンドだ。

トルコやバルカン半島には、トラディショナルなドラムや弦楽器を奏でるストリート・ミュージシャンが繁華街にたくさんいる。写真を撮らなければ、ただでご当地ミュージックをエンジョイできる。

太鼓、弦楽器がアルミ製だった。

イスタンブールでアルミ製のバンジョーを弾いていたおじさんを見かけたので、迷いなく声をかけた。

「いいもの持っているね」

「これはアルミニウムでできているのじゃ。アルミニウムはいいぞ。軽くて壊れにくい。

水にも強い」

日本製の高級バイクのハンドルは7000系アルミニウム合金でつくられている。スペックが高いスーパー合金で、雨にも風にも衝突にも耐える。

おじさんのバンジョーに使われているアルミは柔らかい。7000系合金ではなく、汎用性の高い1000系のようだ。水は避けた方がいいのでは……。演奏中にパカッと割れるかも。アルマイト加工すれば、防水できる。日本製のアルミやかんは金色だが、アルマイト加工でそういう色になった。

おじさんは軽さを軽く見ていないようなので、安心。間違ってもアルミのバンジョーを打楽器の代わりにしないと思います。

マケドニアの太鼓が、木と皮からアルミになった理由。ケースを買わなくてもよくなったし、多目的に使えることが支持されている。椅子に見えなくもないので、座っても怒られない。友達に気軽に貸せる。

こんなことを聞いた。ある老人ホームで、運動不足解消にお米入りアルミボトル缶を音楽に合わせて振るアクティビティーを開催していた。しばらくしたら、ボトル缶に穴があいた。これは問題だ！　是非新聞で取り上げてくれ。

アルミボトル缶は、飲料を運び、いい状態で保存するためにある。打楽器としての機能は、約束されていない。

でも、想定外の使い方に次世代楽器の発展のヒントがあるのかもしれない。

変わる音に対する意識

電気自動車の重さの3割が電池と言われているが、電池が軽くなれば、車体や他のパーツの軽量化に神経をとがらす必要はなくなるとパーツ・メーカーは言う。

「変な話ですが、電池の軽量化は軽さを売っている軽金属や炭素繊維メーカーにとって、マイナス方向に働くかもしれない」

電気自動車はパーツがガソリン車に比べて少ない。パーツ間の連携は電気で制御する。振動は限られていて、ビートの利いた音は出さないと思う。

騒音規制もあって、最近の工場作業所のリフトはシューといい、もはやゴーやガーではなくなった。昔ながらの機械音を出すのは、バイクぐらいだろうか。

産業音が沈静化したと同時に、聞かせられる音と聴く音楽との境もあやふやになってきた。

どういう音が好まれ、拒絶されるのか。それも社会状況を反映する。

1971年結成のロキシー・ミュージックというグループは電子音、録音音を統合した実験的音楽を目指した。

Windows95を立ち上げる時に聞こえてくるチャイムのような音。ロキシー・ミュージックの元メンバー、ブライアン・イーノが作曲した、れっきとした3・5秒の音楽だ。

音は手軽につくれるようにもなってきた。シンセサイザーも必要ない。「インターネットそのものが楽器」と楽器店の店員は言う。

以前は、楽器を習い始めたら、ひたすら退屈なロング・トーンや音階練習を繰り返した。音から音楽になるまでの助走期間が長かった。

ファスト・ミュージック化と言おうか。

バンドを組んだら、メンバーはオンラインで共同制作を進める。スタジオに集まらない。曲ごとにメンバーが替わるので、オフサイトで会うことも少なくなった。

YouTube の投稿ビデオからメンバーを募集することも珍しくない。

ソフトウエアが正確なビートを出力するので、ドラマーはいらない。近い将来、楽譜は必要なくなるかもしれない。

自動車会社の非系列化に似ている。トヨタ系列の会社が、ドイツの自動車メーカーの部品をつくるのは当たり前になった。自動車会社は系列、子・孫会社を自由にさせてやるが、自己責任のもと、面倒はみない、ということだ。

子会社は、ときおりソロをやるアーティストになった。自動車に限らず、機械部品のメーカーの分業化は進んでいて、金属を磨く会社、切断する会社、圧延する会社、とそれぞれ独立している。

しかしここまで何でもありだと、方向性が見いだせず、混迷する。迷ったら、古典に回帰だ。

アメリカのアレンジャー・作曲家、ウォルター・マーフィーはベートーベンの交響曲第五番をロック風にアレンジし、「サタデー・ナイト・フィーバー」に収録した。一般的に“The Fifth of Beethoven”と言われるが、正しいタイトルは“A Fifth of Beethoven”。巷にたくさんあふれるベートーベンの交響曲第五番の一つ、という意味だ。

イギリスのギタリスト、ジョン・ウイリアムズはバッハのフーガのロック・バージョンを出した。これからもＡＩか誰かがクラシックの名曲、ロックの古典のリメイクをするだろう。

ビージーズのサイトによると、インターネットが到来する前から、プロの音楽制作は録音とコピー技術に依存していた。

プロのミュージシャンは、それぞれのパーツを別々に録音し、その素材を、テクノロジーの力を借りて磨いてきれいに継ぎ接ぎし、音楽を作っていくのだそうだ。ただギブ兄弟は、テクノロジーに頼りきらなかった。３人同時に一つのマイクを囲んで歌い上げ、ＮＧが出たら何度でもやり直したとのこと。

ギブ兄弟は正式な音楽教育を受けていない。メロディーが浮かんだら、それを歌って録音した（五線譜は読めたが、いちいち書き留めなかった：筆者）。次第にアイディア録音が山になっていったそうだ。（https://www.beegees.com/the-process/）

音が大好きで、音に必死に取り組む人がいればいい音楽は生まれる。作り方が変わっていくだけではないか。

技巧に走りすぎると、魂の欠けた音にしかならず、音楽にはなりえないという意見があるが、技巧に思い切って走った結果、思いがけない個性が生まれてヒットする可能性もある。

おわりに

温暖化という地球規模の危機で、産業と芸術表現の垣根は低くなった。我々の生活が脅かされるようになったからである。エネルギー、生物多様性、食料安全保障等の課題を正面から見つめ、ある時は矛盾を告発し、あるいはサステナブルな行動を煽るであろう。

これまでロックは国際化し、細分化してきたが、AIによって様々なトレンドが一つの大きな方向にまとまっていくのか、さらに微細化していくのか、わからない。はっきりしているのはAIを積極的に使うアーティスト、全面的にAIを否定するライブ中心のアーティストと二分化し、音・映像コンテンツも進化していくということだ。

アーティストは進化している。元セックス・ピストルズのジョン・ライドンは自分を「セクシー・ピストルズ」と茶化している。YouTube番組では彼は芸人だ。50―60代のアメリカ人男性は、青春時代のヒーロー、ヴァン・ヘイレンのデイビッド・リー・ロスへの憧れを捨てられない。一人でドライブするときはヴァン・ヘイレンの曲をガンガン鳴らす。デイビッド・リー・ロスはもう踊らない、歌わない。語り専門のYouTubeエンターテイナーだ。「わびさびという言葉が日本語にある。意味は……」といった語りを最高におもしろくしてしまう。凄まじい。

本書でとりあげきれなかったブロンディ、マドンナ等々はまだ現役だ。もう若くない彼らがこれからどう進化していくのだろうか。どう地球規模の危機を表現するのか。ものすごく楽しみだ。

著者プロフィール

渡辺 真由美（わたなべ まゆみ）

国際基督教大学卒業。経済ジャーナリスト。

主に欧米の媒体に執筆。

アルミニウムやモリブデンといった金属資源の市況変動のインデックス化に取り組み、貴重な資源の国際取引の可視化に大きく貢献する。また市場メカニズムに関係する法令の運用について精力的に取材をする。

ロックンロールから聴く産業史

2024年12月15日　初版第１刷発行

著　者　渡辺 真由美
発行者　瓜谷 綱延
発行所　株式会社文芸社
〒160-0022　東京都新宿区新宿1－10－1
電話　03-5369-3060（代表）
03-5369-2299（販売）

印刷所　株式会社フクイン

ISBN978-4-286-21551-8　JASRAC 出 2002122－001